歷史在搞什麼東西？

穿上龍袍做皇帝

劉樂土◎著

穿上龍袍做皇帝 (原名：皇位換人坐坐看)

作者：劉樂土
出版者：風雲時代出版股份有限公司
出版所：風雲時代出版股份有限公司
地址：105台北市民生東路五段178號7樓之3
風雲書網：http://www.eastbooks.com.tw
官方部落格：http://eastbooks.pixnet.net/blog
Facebook：http://www.facebook.com/h7560949
信箱：h7560949@ms15.hinet.net
郵撥帳號：12043291
服務專線：(02)27560949
傳真專線：(02)27653799
執行主編：朱墨菲
美術編輯：吳宗潔
法律顧問：永然法律事務所 李永然律師
北辰著作權事務所 蕭雄淋律師
版權授權：劉樂土

初版換封：2016年6月
ISBN：978-986-352-344-4

總 經 銷：成信文化事業股份有限公司
地　　址：新北市新店區中正路四維巷二弄2號4樓
電　　話：(02)2219-2080

行政院新聞局局版台業字第3595號 營利事業統一編號22759935

國家圖書館出版品預行編目資料

穿上龍袍做皇帝 ／ 劉樂土著.-- 初版.
臺北市：風雲時代，2016.04 -- 面；公分

ISBN 978-986-352-344-4（平裝）

856.9　　105005550

原價：280元
限量特惠價：199元

前言

世上有兩部歷史，一部是滿紙假話的歷史，是給皇太子看的；一部是大膽揭露秘密的歷史，它才能還原歷史的本來面目……——法國・巴爾扎克

得天下，靠本事；看歷史，說故事

歷史是人類文明發展歷程的真實記錄，是英雄豪傑展示鴻圖偉業的繽紛舞臺，也是百家齊放汰弱留強的演變結果。古人說「以史為鑑」，瞭解歷史對一個國家、一個民族，乃至於一個人的命運，都將產生不可估量的巨大影響。

看歷朝歷代的王朝更替，不管是生來就是含著金湯匙出生的真龍天子，還是三級貧戶出身，靠著聰明才智打下江山，一躍龍門的平民皇帝，若想坐穩皇帝這個位子，沒有兩把刷子怎麼能永保安康？首先，不能好色，否則就會像唐高宗之於武則天那樣，到最後，整個天下都歸武氏所有；其次，不能偷懶，需勤政愛民，如清初三帝的苦心經營，才能創造太平盛世；再者，是不能不耍心機，如明太祖朱元璋的善用謀略，才免去一場南北地域之爭，宋太祖趙匡胤的「杯酒釋兵權」，更是將謀略用於無形，堪稱是權謀第一人；最重要的是，不能沒有自己的人脈，如唐太宗李世民的「玄武門之變」，若不是早有自己的人馬相挺，早就敗於兄弟鬩牆的內鬥之中，而元

太宗窩闊台的即位，亦是得力於背後有力人士的支持，才得以順利登基，如此，才能沒有後顧之憂。不然，一個不小心，很可能就遭身邊小人篡位奪權，如歷史上有名的王莽篡位和趙高弒君矯旨，即為明證。

一向以男人為權力中心的中國歷史，附屬於男人之後的那股女權勢力亦不容小覷。貴為後宮之首的皇后國母，有如乾隆皇后富察氏者，母儀天下，成為後宮表率，亦有如漢高祖呂后的善嫉殘忍者，竟然在高祖死後，將情敵戚夫人砍斷手足，挖眼灼耳，弄成「人彘」，連惠帝都看不過去，殘忍陰毒到了極點。亦有以聰明智慧運籌帷幄於宮廷之中者，如大清孝莊太后即是運用了高超的政治手腕，籠絡住多爾袞，使其甘願輔佐自己的幼子福臨為帝，除了讓自己母以子貴，更避免了大清統治集團內部的分裂，清廷政局才得以穩定。當然，也有不幸一朝失寵，被打入冷宮鬱鬱而終者，如始終不得乾隆歡心憤而削髮的烏拉那拉皇后。而皇帝如果自己不力圖振作，一味沉溺於美色逸樂，自然王權旁落，久之形成牝雞司晨的情況，如武則天的取唐而代之、慈禧的垂簾聽政等等。

而對於身為一人之下、萬人之上的高官重臣來說，伴君如伴虎，只要稍一不慎即會惹來殺身之禍，甚或誅連九族，怎能不小心翼翼，因之，亦需掌握四不一沒有的最高原則謹慎行事。先是不能白目，若不能察言觀色，處處警覺，便會落得如努爾哈赤長子褚英一般，被幽禁致死。權臣亦不能恃寵而驕，否則恃功自傲的下場，即如年羹堯終至被誅。亦不能太過高調，免得如林則徐一樣，即使是禁煙英雄，仍遭不明冤死。此外，也不能顧念私情，如戚繼光竟能大義滅親，親手殺了自己的兒子。最重要的，是要「沒有野心」，方能明哲保身，善始善終，如張良功成身退、名垂青史。

總之，在上位者若是不能體察民情，視民如己，視臣如親，就得小心「皇位換人坐坐看」啦。

皇位換人坐坐看

★「以域取才」的改革　朱元璋謀略之謎／13
★「燭影斧聲」的背後　宋太祖之謎／19
★血染的皇權「玄武門事變」之謎／23
★功與名的歸屬「晉陽兵變」之謎／33
★「九千九百歲」的閹奸　魏忠賢亂政之謎／37
★飽經摧殘下的反抗「壬寅宮變」之謎／41
★曇花一現的帝王　李自成之謎／47
★目光高遠的選擇　元太宗即位之謎／53
★苦心孤詣的安排　康熙廢立太子之謎／57
★僥倖存活的皇脈　明孝宗登基之謎／65
★掠奪還是繼承　雍正登基之謎／69
★竊賊還是仁君　王莽篡位之謎／79
★塵封的懸案　趙高弒君矯旨之謎／83

目錄

百花齊放說名士

★運籌帷幄的胸襟　「合縱連橫」之謎／89
★飄逸與放蕩　「魏晉風度」之謎／93
★籠絡英才的至尊　忽必烈善用儒士之謎／97
★「儒士」的悲哀　「焚書坑儒」真偽之謎／101
★重於泰山的名節　嵇康才情之謎／105
★附庸風雅的盛行　養士之謎／109
★倨傲與超俗　名士發「嘯」之謎／113

女人我最強

★利令智昏的笑柄　真假皇后之謎／119
★功過交織的妒婦　呂后嗜殺之謎／123
★被兒子生殉的祭品　大福晉死亡之謎／127
★交易還是愛情　孝莊太后改嫁之謎／133

★母儀天下的典範　乾隆皇后逝世之謎／143
★千秋功過任評說　「無字碑」之謎／155
★憤而削髮的皇后　烏拉那拉之謎／161
★叱吒風雲的太后　蕭綽之謎／173
★親情與權力的較量　永泰公主之謎／179
★支持還是反對　慈禧與改革之謎／183

有拜有保庇

★駕馭波濤的女神　媽祖之謎／189
★「娘娘」究竟是男還是女？　觀音菩薩之謎／193
★追尋千年的涅槃　佛教傳入中國之謎／197
★最執著的追求　玄奘之謎／203
★古人心中的女神　西王母嬗變之謎／209
★剃度的真龍天子　唐宣宗出家之謎／213
★尊崇與篤信　十七位帝后出家之謎／217

目錄

死亡筆記本

★善良的代價　慈安死因之謎／223
★大清興衰的轉折　嘉慶暴死之謎／231
★握不住的皇權　建文帝生死之謎／237
★鳥盡弓藏的「江湖」　張良死因之謎／241
★恃功自傲的下場　年羹堯被誅之謎／245
★從專一到亂倫　後梁太祖朱溫被殺之謎／249
★大義滅親的考證　戚繼光殺子之謎／253
★正史與野史的迥異　雍正暴死之謎／257
★被篡改的「手跡」　洪秀全死因之謎／261
★功與罪的分析　張獻忠殺人之謎／263
★虎門英雄　林則徐死因之謎／269

皇位換人坐坐看

「以域取才」的改革

朱元璋謀略之謎

明太祖（一三二八～一三九八）朱元璋，明朝的創立者。出身在貧困之家，少時為僧，後入軍旅紅巾軍，逐漸壯大勢力。龍鳳二年（一三五六）攻下集慶，稱吳國公。後滅陳友諒、張士誠，一三六八年建都南京，國號明，年號洪武。同年克大都（今北京），元滅。在位時普查人口、均平賦役、倡農扶桑、興修水利，制《大明律》，國家呈興旺之態。

在我國封建社會，讀書——中舉——當官，是飛黃騰達的路子，當官就能「光宗耀祖」、「封妻蔭子」，有享不盡的「榮華富貴」。選拔官吏必須經過考試制度，分科舉士，即「科舉」考試分級，有縣試、府試、院試、鄉試、會試、殿試。殿試由皇帝親自主持，分三甲。「一甲」三人，稱為賜進士及第，第一名通稱為「狀元」，第二、三名通稱「榜眼」、「探花」。「二甲」若干名，第一名通稱「傳臚」，賜進士出身，「三甲」若干名，賜同進士出身。殿試的象徵意義重於實際意義。殿試結束，按照科甲排名，新進士將獲在京城或地方上做官的權利。

明初，為了網羅人才，穩定天下人心，朱元璋重開科舉考試。洪武十七年正式頒佈科舉章程。洪武十八年定下考官人數，主考官兩人，同考官八人，其他又有會試提調官、收掌試卷官、彌封官、謄錄官等等，體制十分完備。當然，開科取士，以舉子的文章成績好壞為標準。

但是，洪武三十年，朱元璋卻一反常例，搞了一個「南北榜」事件，以「地區」取士。這是怎麼回事呢？事情由一場考場騷亂引起的。

洪武三十年的三月五日，是三年一次的「會試」放榜的日子。這天，黃榜一開，人群大嘩。原來上榜之人全是南方人，北方人一個未取。頓時引起騷亂。南京城裏，落第的舉子成群結隊湧向禮部，要求對質。「皇家員警」錦衣衛趕來鎮壓。街頭巷尾貼滿了指責主考官偏袒同鄉，必有隱情的傳單。一場考場騷亂竟發展成了南北對抗的政治運動。朱元璋對此十分重視，立即召見會試主考劉三吾瞭解詳情，方知本次科考並無舞弊現象，南北舉子成績屬實，南方舉子的成績確實比北方舉子高。但是，為了安定人心，朱元璋要求特選幾位北方舉子，竟遭到了劉三吾的拒絕。一怒之下，朱元璋把劉三吾趕出宮城，把前主考白信蹈停了職，並下令對考卷復審。北方舉子們聞之，大呼萬歲。會試復審成了人人關注的頭等大事。

四月十三日，朱元璋親臨奉天殿，聽取復試結果，六部九卿官員與原主考人一起進宮聽旨。主持復審的翰林院侍講張信當眾評點幾位北方舉子的試卷。他先說這些試卷有可取之處，但後來突然語鋒一轉，把話題引到這榜評卷問題上來，說北方卷確實不如南方卷，考官絕無偏袒之事……朱元璋聞言大怒，當即指責官員們互相包庇，是將水準不高的卷子送交皇帝審閱，並宣布，以前結果一概無效，自己親自復審。事情鬧大了，這些主考之人被緝拿下獄，嚴加拷問，他們的家人也受到了酷刑，結果，他們竟被指稱與十幾年前的胡惟庸案、藍玉案有牽連，全被處死。

五月初，朝廷宣布復審結果，新選六十一名貢士全部為北方人，南方人則無一人入選。史稱「南北榜」。

為避免此類事件再次發生，洪熙元年設立南北卷制，南卷取百分之六十，北卷取百分之四十，宣德、正統年間，南北各讓出五個名額給中原地區，以取得地區間的平衡。從此以後，明代科考就不是純粹以成績取士了，而是按地區取士，並形成了制度，相沿不變。

這次「南北榜」事件，表面上看是朱元璋親手製造的一起冤假錯案，許多正直無辜的官員慘死在專制皇權之下，朱元璋應該是個殘暴的昏君了。但是，綜觀當時全國的政治經濟形勢，從大局出發，朱元璋此舉是用心良苦的。

其一，朱元璋採取極端措施平息北方知識分子的不平，是為了維護國家政局的安定。因為，當時南北方經濟文化發展是不平衡的，北方一直處在元朝政府統治之下，民不聊生，經濟落後，文化不發達，而南方經濟繁榮、文化昌盛。南北相比，差距很大，這是客觀存在。朝廷選拔官吏，如果簡單地以文章好壞取士，勢必造成南方人當官越來越多，而北方人則永無出頭之日，這不但影響北方落後地區的發展，也將引起北方人的不滿，影響國家政局的穩定。按地區取士，則會縮短地區差距，化解這些矛盾，有利於朝廷的統治。

其二，北方地區的重要地位不容忽視。北方原來是元代的政治中心，當時是明代的軍事要地。明初之時，北方士人遲遲不願依附明朝，對朝廷採取觀望徘徊態度，因此，用科舉籠絡北方士人之心是當務之急，而張信等人眼光短淺，就事論事，體會不到「聖意」，難免成了犧牲品。朱元璋不以成績取士，絕不是簡單的科舉制度的改革，而是血淋淋的政治鬥爭。

臘八粥的傳說

朱元璋小的時候，家境非常貧苦，父母親把他送到一個財主家裡去放牛，這個財主非常刻薄，常常虐待朱元璋。有一次，他去放牛的時候，經過一座獨木橋，因為橋板太窄，老水牛失腳一滑，便跌到橋下的溪裡去，折斷了一條腿。財主氣極了，把他關在柴房裡，也不給他吃飯。過了三天三夜，朱元璋實在餓壞了，就在小屋裡想找些東西吃，找了半天，只有一個老鼠洞。朱元璋心想，抓隻老鼠來充饑也好，於是伸手挖了下去，發現洞裡居然是老鼠的糧倉，裡面有米、豆子等糧食，雖然都只有一點點，把它煮熟還是可以充饑。於是他找來一只破鍋，生起火來，用這些東西煮了一鍋粥。後來，他做了皇帝，有一天，忽然想起以前吃過的雜糧粥，便令御廚燒一鍋甜粥來吃。那天剛好是臘月初八，便把這種粥命名為「臘八粥」。

「燭影斧聲」的背後
宋太祖之謎

宋太祖（九二七～九七六）趙匡胤，涿州（今河北涿縣）人。九四九年從軍，官至殿前都點檢。七歲的恭帝即位後，趙匡胤策動陳橋兵變，建立宋朝。九六三年平荊湖，九六六年滅後蜀，九七一年平南漢，九七五年降南唐，創下了一番偉業，其「杯酒釋兵權」之舉被稱為千年美談，而「斧聲燭影」的傳說，也令其死因眾說紛紜。卒後，其弟即位，是為太宗。

開寶九年十月十日晚上，宋朝的開國皇帝宋太祖趙匡胤突然去世。第二天，他的弟弟趙光義（九三九～九九七）繼承了皇位，即歷史上的宋太宗。趙匡胤在位十七年，死於九七六年，時年五十歲，廟號太祖。他的死因頗為蹊蹺，傳說是其弟趙光義加害的，這就是「燭影斧聲」一詞的來歷。

皇位更替時發生的刀光血影、骨肉相殘的事例，在中國幾千年的封建王朝歷史中，早已是司空見慣的了。對於宋太祖的死，《宋史・太祖本紀》上只有一段簡略的記載：「癸丑夕，帝崩於萬歲殿，年五十，殯於殿西階。」但宋代的筆記野史上卻有一些頗為離奇的記載，比如在流傳甚廣的《宋史演義》一書中，將宋太祖的死跟其弟趙光義聯繫在了一起：

太祖素性友愛，兄弟間和好無忤，光義有疾，太祖與他灼艾，光義覺痛，太祖亦取艾自灸，嘗謂光義龍行虎步，他日必為太平天子，光義亦暗自欣幸，因此對著乃兄，亦頗加恭謹。偏太祖壽數將終，與宴以後，又覺舊疾復發，漸漸的不能支持；嗣且臥床不起，一切國政，均委光義代理。光義晝理朝事，夜侍兄疾，恰也忙碌得很。

一夕，天方大雪，光義入宮少遲，忽由內侍馳召，令他即刻入宮。光義奉命，起身馳入，只見太祖喘急異常，對著光義，一時說不出話來。光義待了半晌，未奉面諭，只好就榻慰問。太祖眼睜睜的瞧著外面，光義一想，私自點首，即命內侍等退出，只留著自己一人，靜聽顧命。其跡可疑。內侍等不敢有違，各退出寢門，遠遠的立在外面，探看那門內舉動。俄聽太祖囑咐光義，語言若斷若續，聲音過低，甚覺辨不清楚。過了片刻，又見燭影搖紅，或暗或明，彷彿似光義離席，逡巡退避的形狀。繼而聞柱斧戳地聲，又聞太祖高聲道：「你好好去做！」

這一語音激而慘，也不知為著何故，驀見光義至寢門側，傳呼內侍，速請皇后皇子等到來。內侍分頭去請，不一時，陸續俱到，趨近榻前，不瞧猶可，瞧著後，大家便齊聲悲號。原來太祖已目定口開，悠然歸天去了。

看官！你想這次燭影斧聲的疑案，究竟是何緣故？小子遍考稗官野乘，也沒有一定的確證。或說是太祖生一背疽，苦痛的了不得，光義入視，突見有一女鬼，用手捶背，他便執著柱斧，向鬼劈去，不意鬼竟閃避，那斧反落在疽上，疽破肉裂，太祖忍痛不住，遂致暈厥，一命嗚呼。或說由光義謀害太祖，特地屏去左右，以便下手，至如何致死，旁人無從窺見，因此不得證實。獨《宋史・太祖本紀》，只云帝崩於萬歲殿，年五十，把太祖所有遺命，及燭影斧聲諸傳聞，概屏不錄，小子也不便臆斷，只好將正史野乘，酌錄數則，任憑後人評論罷了。

在野史裏，這件事被描寫得神秘莫測，於是便給後人留下了「燭影斧聲」的千古之謎，自宋代以來，不知有多少文人學者探究過這個問題，即宋太祖究竟是怎麼死的。一種意見是，宋太宗「弒兄奪位」。另一種意見認為，宋太祖的死與宋太宗無關，持此說的人引用司馬光《涑水紀聞》的記載為宋太宗辯解開脫。據《涑水紀聞》記載，宋太祖駕崩後，已是四鼓時分，孝章宋后派人召太祖的四子秦王趙德芳入宮，但使者卻逕趨開封府召趙光義。趙光義大驚，猶豫不敢前行，經使者催促，才於雪夜步行進宮。據此，太祖死時，太宗並不在寢殿，因而不可能「弒兄」。

還有一種意見，雖沒有肯定宋太宗就是弒兄的兇手，但認為他無法開脫搶先奪位的嫌疑。

在趙光義即位的過程中，確實存在一連串的反常現象。太宗即位後，為什麼不照嗣統即位次年改元的慣例，急急忙忙將只剩兩個月的開寶九年改為太平興國元年？既然杜太后有「皇位傳弟」的遺詔，太宗為何要一再迫害自己的弟弟趙廷美，使他鬱鬱而死？太宗即位後，太祖的次子武功郡王趙德昭為何自殺？太宗曾加封皇嫂宋后為「開寶皇后」，但她死後，為什麼不按皇后的禮儀治喪？上述跡象表明，宋太宗即位是非正常繼統，後人怎麼會不提出疑義呢？

近世學術界基本上肯定宋太祖確實死於非命，但有關具體的死因，則又有一些新的說法。一是從醫學的角度出發，認為太祖死於家族遺傳的狂躁憂鬱症。一說承認太祖與太宗之間有較深的矛盾，但認為「燭影斧聲」事件只是一次偶然性的突發事件。其起因是太宗趁太祖熟睡之際，調戲其寵姬花蕊夫人費氏，被太祖發覺而怒斥之。太宗自知無法取得胞兄諒宥，便下了毒手。縱觀古今諸說，似乎都論之有據，言之成理，然而有關宋太祖之死，目前仍有人樂此不疲地一直探尋著。

血染的皇權

「玄武門事變」之謎

唐太宗（五九九～六四九）即李世民，李淵次子。於隋末與父起兵反隋，唐創立時封為秦王。武德九年（六二六）發動玄武門之變，殺兄，即帝位。其治國有方，任賢唯親，創立了興旺的「貞觀之治」。於六二六至六四九年在位，為中國歷史上極有作為的一位封建帝王。

武德九年（六二六年）六月初四日上午，秦王李世民率領長孫無忌、尉遲敬德等十員大將埋伏在玄武門內。他們勒緊戰馬的韁繩，一個個劍拔弩張、神情緊張地觀察著通往東宮道路上的動靜。風兒陣陣吹來，樹葉發出沙沙的響聲。突然，遠處傳來清脆的馬蹄聲。不一會兒，只見太子李建成、齊王李元吉策馬而來。

當李建成、李元吉走到臨湖殿的時候，一隻烏鴉正巧從樹上飛起。李建成覺得情況有些異常，便掉轉馬頭，想返回東宮。就在這時，李世民縱馬向前，大聲喊道：

「太子、齊王，為什麼不去上朝？」

李建成聽到呼叫聲，回頭張望。李世民乘機射出一箭，正中李建成咽喉。李建成立時從馬上掉下，當即身亡。李元吉看到這一情景，不免一怔，也被李世民及長孫無忌等人的亂箭射中，從馬上滾了下來。剎那間，尉遲敬德催馬向前，揮起寶劍，把李建成、李元吉二人的腦袋割下。這一幅扣人心弦的圖景，就是唐初發生的「玄武門之變」。

李世民為什麼要殺死親生兄弟？關於這個問題已經爭論了上千年，有的人認為李世民殺兄弟是出於被迫自衛，如果自己不殺了他們，就要被他們殺死，有的則對李世民極為不齒，為了當皇帝而不惜使用最殘忍的手段對付自己的親兄弟。到底誰應該對這場政變負責呢，至今還是眾說紛紜。

李世民兄弟之間的鬥爭肇始於唐高祖李淵立太子。李淵共有廿二個兒子，高祖的元配竇皇后生四子：長子李建成為太子，次子李世民封秦王，三子元霸早卒，四子元吉封齊王。建成、世民、元吉都有才幹，不過，太原起事前，只有世民參與策劃，而起事之後，討平群雄的戰爭中，世民立功最大，但是世民不是嫡長子，按照傳統習慣，皇位應由嫡長子繼承，所以，唐高祖即位後，便立建成為皇太子。

李世民是中國歷史上一位真正的英雄，他的作為和才智是千年難遇的。高祖對李世民的才能和膽略一向賞識，對其創下的戰績更是念念不忘。李世民不僅在戰鬥中常能「身先士卒，轉騎深入」，更難得的是，作為領袖人物，他還有遠大的政治眼光，善於識人和用人。比如在起兵之初，他利用「推財養客」的手段，結交了一大批地方實力派，後來，徐世勣、程知節、秦瓊、尉遲敬德等著名的謀士和驍將投靠李世民，他以寬廣的胸懷和真誠的態度對待他們，有的甚至成為生死之交。

李世民的這些骨幹多數出身寒微，具有強烈的功名意識，屬於新崛起的先進階層。他在長安開設了文學館，廣泛吸納人才，接受了以杜如晦為首的十八位當時最聰明的人士，他們給秦王府出主意、獻良策，用各種手段拉攏李建成集團中的一些重要分子，如將軍常何、敬君弘、呂世衡等，他們這些人在關鍵時刻如「玄武門之變」中突然倒戈，幫了李世民的大忙。所以，無論在軍事實力、籌劃謀略，還是政治眼光、識人用人等諸多方面，李世民無不遠遠勝於建成、元吉，唐朝正是有了這樣一位明君，國力才達到空前強盛的高度。

而在宮廷政變中失敗的李建成也不是一個碌碌無為的平庸之輩。他同弟弟李世民一樣，是父親李淵的左臂右膀。李淵起兵之初，他以左領軍大都督的頭銜領兵作戰，在揮師西向，奪取長安的過程中，其功績不在李世民之下。以後他也參與並親自指揮過一些重要戰役，皆取得了驕人的功績。不過，李建成沒有李世民參加的戰鬥次數多，這是因為他要以皇太子的身分留駐朝廷，這是李淵的安排，並非出於李建成的懦弱。他為唐軍建立了穩固可靠的根據地，有力地支援了前線作戰，從這個意義上說，李建成的政治影響和政治實力遠遠大於李世民。特別是他在長安地區獲得的巨大成功，更是李世民所望塵莫及的。而且李建成的人品也不亞於其弟。從歷史史料來看，他是一個人緣很好的人，禮賢下士，很多有才幹的人，如魏徵、王珪等都曾甘心為李建成效力，他也能夠從諫如流。李建成與皇親國戚的關係一直很融洽，再加上一號人物李淵的大力支持，可以毫不誇大地說，李建成不僅有繼承皇位的資格，也有君臨天下的能力。

李世民和李建成的另一個兄弟李元吉，也是權力漩渦中的一個中心。他是高祖李淵的第四子，勇猛過人，也立過戰功。但他驕淫放縱，名聲不好。儘管如此，李元吉心靈深處也在想著皇位的繼承權。他不止一次地私下均衡李建成和李世民的實力及影響，以便自己決定投靠哪一方。經過周密地考慮，李元吉最後選擇了李建成。李元吉認為，如果他跟隨李世民，顯然不能實現自己謀得帝位的野心，如果投靠李建成，或許還有得到帝位的希望。李元吉還想，只要先除掉李世民，再幹掉李建成就易如反掌了，到那時，太子的位置也就唾手可得。正是出於這樣的考慮，當李建成對李元吉有所表示時，李元吉立即站到了李建成一方。

李建成與李世民都清楚，兄弟之間實力的均衡是很危險的，早晚要爆發你死我活的激戰。為此兩人都加緊擴充自己的力量，千方百計瓦解對方陣營，迫其陷於孤立無援的境地。同時，又都想取得最高決策者李淵的大力支持。假如李淵把自己的砝碼投向任何一邊，就會立即改變這種危險的均衡。可惜，這位高祖皇帝明知建成、世民不和，卻仍以和事佬的態度處理已經白熱化了的矛盾，不僅沒有達到息事寧人的目的，反而加劇了兩兄弟的爭鬥。

李建成、李元吉為了給高祖李淵一個好的印象，就積極爭取後宮的支持。這一辦法果然見了效。原來後宮嬪妃對李世民的印象就不好。為什麼呢？那還是在武德四年李世民打下洛陽以後，李淵派嬪妃們前往選閱宮人和府庫珍寶。有的嬪妃乘機向李世民索取寶物，有的為自己的親戚請求官職。由於李世民已經把寶物和官職分給了自己的部屬，所以未能滿足這些嬪妃們的要求，她們便對李世民產生了怨恨情緒，只不過長時間來沒有發洩的機會。李建成給了後宮嬪妃們好處以後，後宮的勢力便完全倒向了李建成、李元吉一邊。從此，嬪妃們常在高祖李淵面前說李世民的壞話。

高祖還有一個寵妃叫尹德妃，她的父親名尹阿鼠，是個仗勢欺人、橫行不法的傢伙，許多人都吃過他的苦頭。一天，李世民的部屬杜如晦經過尹阿鼠家門前沒有下馬，尹阿鼠的家僕便一擁而上，把杜如晦從馬上拉下來，又拳打腳踢地毒打一通，嘴裏還不住地罵道：「你是什麼人，敢經過我們府前不下馬？」後來，尹阿鼠怕這件事高祖知道後會怪罪下來，便採取了惡人先告狀的辦法，讓德妃稟奏高祖說：「秦王左右的人非常兇暴，他們竟敢欺負我年邁的父親。」高祖聽後大怒，也不進行調查，就把李世民召進宮中痛斥說：「你的屬下竟敢欺負我嬪妃的父親，對一般百姓，還不知多麼跋扈呢！」根本不聽李世民解釋。

李世民當陝東道行台時，高祖李淵詔示他有權處理管轄區內事務。世民便將轄區內一塊田地賜給作戰有功的淮安王李神通，正巧張婕妤也為父親求取這塊田地，高祖下詔書把這塊田地賜給張婕妤之父，但李神通表示秦王世民賜給他田地在先，不肯交出來，這下惹惱了張婕妤。一天夜裏，張婕妤陪侍，她乘機向高祖李淵進讒言：「您賞給我父親的土地，被秦王奪去給了李神通。」李淵大怒，第二天他召見李世民，捋起袖子斥責說：「我的手詔不管事，你的指令下面州縣就能執行，這成什麼體統？」高祖還叫著李世民的小名，對大臣裴寂說：「這孩子常在外邊帶兵，已經形成了專制作風，全是讓那些謀士給教壞了，真不像我過去的那個兒子。」此後，後宮的嬪妃們又乘機對高祖說：「您萬歲以後，如果秦王得志，我們和孩子們肯定會被害死的。」一邊說著，一邊還哭哭啼啼。她們還對高祖說：「太子為人寬厚、慈孝，一定能養育我們。」高祖李淵聽後，無限傷感。在妃嬪們的挑撥離間下，高祖便逐漸與世民疏遠了，對李建成、李元吉則越來越信賴。

為了擴充自己的實力，李建成和李世民都千方百計地挖彼此的牆根，如果收買不成，就改以排擠的方法，剪除彼此的勢力。比較而言，李世民比李建成做的更加成功，損失更小一些。李建成曾密函致世民的驍將尉遲敬德，表示爭取之意，並贈金銀器物一車，敬德不為所動。李建成又以金帛引誘世民的另一勇將段志玄，也未成功。

一次，李建成、李世民、李元吉兄弟三人跟隨高祖外出打獵，高祖命他們騎馬比箭。李建成故意讓李世民騎一匹難以馴服的烈馬，以致李世民反覆三次，才把這匹馬馴服。李世民對身邊的宇文士及說：「他們想乘機害死我，但生死有命，對我一點也沒有傷害。」後來李建成知道了這些，就讓後宮嬪妃們告訴高祖說：「秦王說他有天命，一定會坐天下，怎麼能輕易死呢？」李淵聽後非常生氣，在召見李世民時斥責道：「天子是上天決定的，不是耍一點小聰明就能得到的，你也太心急了。」李世民只好脫下帽子，向高祖請罪。

還有一次，李建成和李元吉請李世民到東宮赴宴，想乘機用藥酒毒死李世民。李世民沒有準備，舉起酒杯一飲而盡。不一會兒，李世民突然感到胸口疼得厲害，接著就大口大口地吐血。幸好淮安王李神通在場，急忙把李世民扶往西宮，經過緊急治療，李世民才脫離了危險。事後，高祖到西宮探望李世民病，知道了他們喝酒的情況，對李建成說：「秦王不能喝酒，以後不准在夜間聚飲。」

李建成、李元吉和後宮妃嬪日夜在高祖耳邊說世民的壞話，高祖漸漸有些相信，欲將李世民治罪，但是大臣陳叔達勸阻高祖說：「秦王有大功於天下，不可以治罪，而且秦王性情剛烈，如果加以挫抑，恐怕會不勝憂憤，如有不測，陛下後悔都來不及了。」高祖才息下治罪的念頭。

後來李元吉請父王殺世民，高祖說：「世民有定天下之功，怎麼能殺他呢？」

李元吉說：「秦王初平東都，在當地散錢帛以樹私恩，又違敕命，非反而何？但應速殺，何患無辭。」高祖聽後還是不肯答應。

有一次，高祖對李世民說：「你們兄弟不和，一個住東宮，一個住西宮，近在咫尺。我想讓你出居洛陽，主管河、洛以東的地區，你的意見怎麼樣？」李建成和李元吉知道了這一消息，認為李世民如果到了洛陽，今後就會更不好除掉。李建成和李元吉商量，要利用突厥和唐朝的戰爭這一機會奪去李世民的兵權，進而除掉李世民。於是，李建成提議李元吉掛帥出征，李元吉又提出派李世民手下的大將尉遲敬德、秦叔寶等人一起去。高祖同意了這個意見。

正在這個時候，率更丞王晊向李世民告密說：「太子告訴齊王，現在你得到秦王的驍將精兵，擁數萬之眾，我與秦王在昆明池餞別你，命壯士把秦王殺死，再向皇上稟告說秦王得急病死去，皇上大致不會不信。」李世民大驚，立即和長孫無忌、高士廉、尉遲敬德等人商量對策。房玄齡、杜如晦、長孫無忌都勸世民發動政變，應該先發制人，誅殺李建成、李元吉。李世民也感到除了發動政變，真是別無選擇了。

武德九年六月初三日，李世民做好一切準備之後，上朝向高祖李淵密奏了李建成和李元吉的種種不法行為，揭發了他們和後宮嬪妃的不正當關係，並向高祖陳述說：「兒臣於兄弟之間沒有半點兒負心，可太子和齊王總想謀害我。如果他們的陰謀得逞，那就永遠見不到父皇了。」高祖聽後，大吃一驚，決定第二天上朝審理此事。

後宮張婕妤探聽到了李世民的活動，立即派人報告給李建成。李建成隨即找李元吉商量。李元吉提出：「要趕快佈置好兵馬，同時稱病不上朝，觀察一下動靜再說。」李建成卻認為：「怕什麼，這裏都是我們的軍隊守衛，他們能怎麼樣？」於是，李建成與李元吉進入玄武門。

玄武門是長安太極宮城的北門，它是宮廷衛軍司令部的所在地，有堅強的工事和雄厚的兵力，控制了玄武門便可以控制整個皇宮，甚至控制京師，所以玄武門的地位十分重要。玄武門的守將常何原是李建成的部屬，所以李建成認為玄武門是他的勢力範圍，但不料常何被李世民暗中收買，所以常何允許李世民等潛入埋伏，李建成卻一點都不知道。

當李建成、李元吉到達臨湖殿側時，發覺有變，他們的侍衛都在玄武門外，二人立刻策馬逃回，李世民從後面趕來，元吉與世民都以弓箭互射，建成首先被世民射死，尉遲敬德率騎兵七十人趕來，左右夾攻李元吉，並射殺了元吉。東宮和齊王府的精兵兩千人由建成的僚屬馮立、薛萬徹率領，向玄武門進攻，但玄武門固若金湯，東宮和齊王府的軍隊始終攻不進去。尉遲敬德出示李建成、李元吉的頭顱，東宮和齊王府的兵才潰散。

事變之後，李世民也立即派尉遲敬德向高祖李淵報告了情況。當時，李淵和裴寂等幾個大臣在太極宮中海池裏泛舟遊玩，聽到這個消息，個個目瞪口呆。後來，李淵覺得此事已成定局，無法改變，也就默認了。玄武門之變三天以後，唐高祖李淵宣布立秦王李世民為太子，處理國家一切政務。這一年八月，李淵退位，自稱太上皇，李世民在東宮顯志殿正式即皇帝位，他就是歷史上的唐太宗。

站在父親的角度，李淵反對李建成、李元吉加害李世民；處於皇帝的位置，他又不願改立李世民為太子，卻消極地採取了睜一隻眼閉一隻眼的做法，在確立接班人的重大問題上極力敷衍，優柔寡斷，不僅助長了李建成步步緊逼李世民的惡念，也使李世民更加堅定了以武力爭奪皇位的決心。當李淵看到兩個兒子的矛盾不可調合時，又想採取建立東西兩宮的辦法來搞平衡，甚至想像地主一樣，把土地劃分東西兩半，讓兄弟二人分而治之。然而在國無二主的觀念中，這只能是進一步激化矛盾的下下策。很快，李建成覺得迫不及待，李世民也感到忍無可忍，一場爭奪皇位的爭鬥終於不可避免地爆發了。對於這場慘烈無比的「玄武門之變」，李淵的責任是不可推卸的。

究竟事變是李世民蓄意發動的，還是被迫反擊李建成的陷害，這點已不重要，但是這場兄弟之爭不外乎封建宮廷內部爭奪皇位的殘殺，與其他宮廷政變並無本質上的差別。幸好李世民掌權以後出現了盛唐氣象，才讓人感到一些安慰和平靜。

功與名的歸屬

「晉陽兵變」之謎

唐高祖（五六六～六三五）李淵，唐王朝的建立者。其出身貴族，襲唐國公，隋末起兵，攻取長安，於六一八年建立唐朝。在位期間，因兒子之間爭鋒火拼，於玄武門之變後退位，傳帝位於次子李世民，自稱太上皇。

西元六一七年（隋大業十三年），在古代兵家重鎮晉陽城裏，開始了一場反隋的戰爭，李淵、李世民父子率兵推翻了隋王朝，這就是歷史上著名的「晉陽起兵」。它作為隋亡唐興過程中的一件大事被載入歷史。但是，「晉陽起兵」的首謀是誰呢？有的說是高祖李淵，有的說是李淵的兒子李世民，自唐初以來一直爭論不休，沒有一個定論。

《新唐書》和《舊唐書》真實地記錄了兩唐的歷史。《新唐書》對這件事的解釋是「高祖起兵太原，非其本意，而事出太宗」。《舊唐書》則這樣說：「我兒誠有此計，既已定矣，可從之。」《資治通鑑》的很多資料取材於《舊唐書》，根據兩唐書，斷定「起兵晉陽也，皆秦王之謀」，「高祖所以有天下，皆太宗之功也」。兩個「皆」字，李世民佔有這件事的所有功勞，書中斷定太宗是首謀決策者，好像已經成為定論，確鑿無疑。後世史家亦根據這些記載，大肆渲染李淵的荒淫無能，認為他胸無大志，只知沉溺於酒色，屬於無能之輩，根本不可能晉陽起兵，他之所以能夠成為唐王朝的創始人，主要是依靠李世民的雄才膽略，而且，他起兵的事情也是被迫的，是李世民把他拉上「賊船」的。那麼，史實是怎樣的呢？要想知道這個問題的真正答案，我們先從史臣記載的當代史談起，然後再從晉陽起兵的全過程中找到這個問題的答案。

首先從當代史的成書過程看。李世民是一個具有謀略和戰功的皇帝。在他執政時期，不僅重視編纂往代歷史，而且也十分重視編撰當代史。貞觀十四年，他很不滿歷代帝王不讀國史的做法，要求房玄齡等史臣「欲自看國史」，房玄齡等史臣用編年體刪略國史，撰「高祖、太宗兩朝實錄各二十卷，表上之」。這兩朝實錄，既記載當代皇帝的說話行事，他們知道太宗會閱覽的，經刪略後，必然會有所改變。如對於「玄武門之變」的記述，司馬光就認為它「語多微隱」，將「玄武門之變」中的兄弟相殘的戰鬥，比作與「周公誅管蔡而周室安，季友鴆叔牙而魯國寧」相類，就有違史實。這是兩唐當代史有刪改的證明，新舊《唐書》、《資治通鑑》沒有經過實證，以《高祖、太宗實錄》為依據來寫成，從表面上看，好像是有理有據，但詰諸史乘和成書之經過，也不完全是可信的。「玄武門之變」可「語多微隱」，「晉陽起兵」誰是決策者，似也可憑「己愛曲事刪改」以來取悅太宗。

其次，從李唐反隋的全過程看，李淵好像是主要的決策者。據史載，早在晉陽起兵前，李淵就曾命他的兩個兒子李建成和李世民在河東和晉陽招募英雄豪傑，為起兵做了組織上的準備。

接著，李淵又憑藉他的謀略，穩住了隋煬帝，讓隋煬帝沒有發現自己的企圖，為起兵爭取了充裕的時間。他在太原擔任太原留守的期間，很快獲得了太原的英雄豪傑的支持，成為關中地主信賴的人物。如西元六一一年（隋大業七年），楊玄感起兵前，任衛尉少卿的李淵，經懷遠督運糧草（今遼寧朝陽縣附近）路過涿郡，就曾與人詳細地探討時勢。楊玄感起兵後，他卻一直不肯發兵，表明他也是一個很有政治謀略的人。隋末之際，各地紛紛起兵反隋，均以失敗而告終，只有李淵推翻了隋朝。

歷史證明，他選擇大業十三年於晉陽起兵，為他的勝利奠定了良好的基礎。再如「晉陽起兵」，史籍也證明這是李淵蓄謀已久、起兵反隋的開始，他攻入長安後，即與民「約法三章」，很快使關中秩序穩定了，掌握了擁有財產的地主階級，順利地獲得了起兵的勝利。他在隋末起兵的各路豪傑中，無疑是最有遠見的，因而取得了地主階級的支持，推翻了隋朝，建立了唐王朝。

出於前述的質疑，陳寅恪曾指出：「後世以成敗論人，而國史復經勝利者之修改，故不易見當時真相。」（《隋唐政治史述論稿》）呂思勉也說：「謂高祖起兵，太宗有大力焉則可，謂其純出太宗則誣矣。謂其素無叛隋之心固不可也。」（《隋唐五代史》上冊）此後，有的學者同意陳寅恪的觀點，認為「晉陽起兵」是秘密叛隋的行動，是秘密發動的反隋行動，其真相很難有人清楚的知道，及經貞觀史臣的曲筆後，就更難知道它的真相了；有的學者則贊成呂思勉的意見，並進一步指出李世民是「晉陽起兵」的一個參加者和決策者，但首謀並不是他。大業十三年，年僅二十歲的李世民雖然在「解雁門之圍」等戰役中開始引人注目，但無論從資歷還是聲望上，李淵有過之而無不及。李世民以「聰明勇決、識量過人」的才智，參與了「晉陽起兵」，是一個重要的人物，這是事實，但這都是執行李淵的命令；他在「晉陽起兵」時的組織和領導作用，比起他的父親要差些的。公平地說，參加「晉陽起兵」，只是標誌著李世民走進政治領域。有的論者還根據李世民的行為方式，探討了為什麼會有此謎形成。他們認為，李世民的皇位不是合法的繼承他的父親的皇位，而是經過「玄武門之變」這樣的殺兄滅弟事件取得的，這種行動，當然遭到了正統理論的批評和指責。他當皇帝後，就命史臣撰《國史》，為自己尋找正當的理由。史臣們也絞盡腦汁，把問題的焦點放在「晉陽起兵」的密謀上，掩蓋了高祖的首要決策者的重要性，而把太宗捧為晉陽兵變的首要人物，使太宗成了李唐王朝的真正奠基人，這樣一來，使他的皇位獲得了「合法性」，就留下了「千秋功罪，後人評說」的懸案。

「晉陽兵變」已經過去一千三百多年了，燦爛輝煌的漢唐文明也已成為過去，尋找這個問題的答案也許並不重要，重要的是通過對這個答案的探討，讓我們又重溫了漢唐文明的那一歷史時刻。

「九千九百歲」的閹奸
魏忠賢亂政之謎

魏忠賢（一五六八～一六二七），明朝宦官，河間肅寧（今河北）人。曾任秉筆太監，後又兼掌東廠。他勾結熹宗的乳母客氏，專斷國政，誅殺忠良，興大獄，令國家政治日益腐敗。其恃皇寵而妄為，自稱九千歲。崇禎即帝位後，黜之。因懼罪，自縊。

明朝末年，熹宗寵用的魏忠賢是中國歷史上最殘暴的太監，他誅「六君子」大滅「東林黨」，殺害忠良不計其數。到了熹宗後期，天下竟成了魏家天下，一些諂媚的官員竟公開呼魏忠賢為「九千九百歲」，簡直廉恥喪盡。

魏忠賢從小是個無賴，目不識丁，而且嗜賭如命。他結交一批惡少，整天酗酒、賭博，雞鳴狗盜無所不為。後來，在欠了一屁股賭債、走投無路之際，投師父自宮做了閹人，入宮當了太監。因他做得一手好菜，當了太子朱常洛的生母王才人的司廚，與皇孫朱由校的奶媽客氏勾搭成姦。後來客、魏二人臭味相投，竟從政治上、生活上結成一體。

由於他倆都有野心，又都是皇孫朱由校的親近之人，遂陰謀控制朱由校，竭力討這個小皇孫的歡心，一旦將來小皇孫即位，他倆便可操縱皇帝，獨攬大權了。

事有湊巧，萬曆四十七年，朱常洛即位，是為光宗，可是只在位三十天就因吃紅丸而死。朱由校很快即位，是為熹宗。客氏被封為奉聖夫人，一個大字不識的魏忠賢被擢升為東廠提督，同時兼司禮秉筆太監。「子係中山狼，得志便猖狂」，客魏二人狼狽為奸，開始瘋狂地攬權、專權。為了私怨，魏忠賢矯旨殺了光宗的選侍趙氏；皇后張氏懷孕，客氏怕她「母以子貴」，竟讓宮女暗下毒手使其流產；裕妃因娠得封，魏忠賢又矯旨勒令自盡。而此時的朱由校則整天在宮中玩得昏天黑地，什麼花鳥蟲魚，什麼聲色狗馬，什麼操練宮女，什麼傀儡戲，都玩不盡玩，玩而不膩，尤其是沉迷於木工活計，操起斧鋸來都顧不上吃飯喝水。國家大事都不如他手中的木製小玩意兒重要。為了玩，他不上朝，不看奏章，不批軍機，一切都放任魏忠賢與客氏為所欲為。

魏忠賢先是設法殺死了原來的司禮秉筆太監王安，除掉了皇帝身邊深諳朝政的親信，然後把屠刀指向了東林黨人。

當時，東林黨人據有都察院、吏部、兵部、禮部等要職，是魏忠賢獨霸朝綱的最大障礙，必欲除之而後快。魏忠賢有一幫對他自稱乾兒、義孫的文臣武將，即五虎、五彪、十狗、十孩兒。他們與反對東林黨的一些朝臣組成了一個強大的陣營，想狠狠整治東林黨人。

天啟四年，都察院左付都御史楊漣疏參魏忠賢專權誤國二十四大罪狀，件件是實。魏忠賢聞知，來個惡人先告狀，痛哭流涕地對朱由校說，外廷有人想整他，才寫這些無中生有的東西，他是一心為皇上才得罪了這些人。客氏也在一旁吹風，胡說魏忠賢公正廉明，那些人是別有用心，故意跟他過不去。昏庸的朱由校只知魏忠賢萬事順從，竭盡全力帶他玩，哄他高興，所以根本沒看那份奏章，一擺手就算了事。結果，魏忠賢毫毛未損，楊漣卻挨了一頓斥責。

楊漣上疏失敗，引起了朝臣的義憤，一下子上來七十多人彈劾魏忠賢，可是朱由校在魏忠賢的蒙蔽下，一概不理。楊漣、左光斗等重臣被罷官。

天啟五年，魏忠賢為了繼續報復東林黨，興起了大獄。他指使其黨羽誣陷楊漣等人接納敗將熊廷弼的賄賂，將東林黨首領楊漣、左光斗、袁化中、魏大中、周朝瑞、顧大章等人逮捕入獄，嚴刑拷打，私審逼供，除顧大章被迫自殺外，其餘五人全被折磨而死。此即「前六君子」被殺冤案。

天啟六年，魏忠賢又逮捕了東林首領高攀龍、周起元等七人，除高攀龍投水自殺外，其餘六人也都慘死獄中。這就是「後六君子」被誅案。

後來，魏忠賢榜示天下，懸賞捉拿東林黨人，下令毀掉全國的書院。鷹犬密佈，恐怖異常。在這瘋狂的迫害與殘酷的打擊下，東林黨人被殺者不計其數。到了天啟六年，內閣六部及四方督撫都是魏忠賢的黨羽。魏忠賢的氣焰也到了登峰造極的地步，魏氏一族都被加官晉爵。

朝臣在奏疏中，不敢直呼魏忠賢的名字，稱其為「廠臣」；內閣下旨，必寫「朕與廠臣」，魏忠賢竟與皇帝聯名，儼然以皇帝自居。各地又為魏忠賢建生祠，有的甚至把他比作孔子。一些無恥的官員，竟公開呼魏忠賢為「九千九百歲」，吹捧到無以附加的程度。

然而，多行不義必自斃。天啟七年，二十三歲的朱由校病死，其弟朱由儉即位。風向驟變，魏忠賢被貶，於途中畏罪自縊而死。客氏也在其後被處死。魏、客兩家一律處斬，其閹黨也都遭誅遭貶，無一倖免。

權勢熏天的魏忠賢及其閹黨遭到了可恥的下場，但國家的元氣也被他們消耗殆盡了。

飽經摧殘下的反抗

「壬寅宮變」之謎

明世宗（一五〇七～一五六七）朱厚熜，明孝宗侄。正德十六年（一五二一），武宗死，無嗣，朱厚熜即位，建元嘉靖。世宗登極伊始，整吏治，誅奸臣，朝政煥發新顏。後喜神仙老道之術，兵備廢弛，賄賂成風，民間起義不斷。內憂外患之下，於嘉靖四十五年（一五六六）十二月卒。諡肅皇帝，廟號世宗。

明嘉靖二十一年（壬寅年，西元一五四二年），駭人聽聞的「壬寅宮變」發生在紫禁城裏，宮女楊金英帶領十幾名年輕的宮女，在當天深夜，企圖用繩索勒死嘉靖皇帝朱厚熜。由於慌亂，宮女們錯將繩子結為死扣，無法勒緊。嘉靖帝暈了過去，垂死之中，後被救了過來。由於事涉宮闈隱私，事後統治者極力包掩此事，史籍資料也很少記載，因此，很少人知道事情的真相。但在民間各路說法不脛而走，以致成為明代宮廷史上的一樁疑案。

藩王朱厚熜還沒有成為明世宗前，就喜歡煉丹修仙，將大半心思都花在了鑽研如何成仙上。他稱帝之後，享受的富貴達到了極點，仍舊一心追求長生不死。於是，他廣征道士方士之流，在宮廷中搞起了齋醮，不斷擴大規模，耗費鉅資。他又是好色之徒，令禮部派員在京城、南京、山東、河南等地挑選了民間女子千餘人進宮。以後又多次採選宮女，多達數千人。僅嘉靖二十六年（西元一五四七年）至嘉靖四十三年（西元一五六四年）間四次大選，就選進一千零八十個八歲至十四歲的幼女。選這麼多的女孩入宮，一是準備用以煉製「元性純紅丹」，二是供世宗淫樂縱欲。這些進宮的女子，只有少數有封號，絕大多數既被世宗淫樂，又被奴役，飽經摧殘。而世宗被謀害這件事情，就與這種荒淫無恥的行為有關。

但具體說來，史家們對宮女弒君發生的原因，存在如下幾種不同的解釋。

第一種觀點認為，「壬寅宮變」是由於嘉靖帝為煉製長生不老的丹藥，酷虐宮女所致。當時，司禮監審問宮女的口供記錄中，有「咱們下手了罷！強如死在他手裏」的話。據此推斷，這時宮女們一定處於危險的境地，將被置於死地，反正死是難免的，不如先下手為強，拚死一搏，殺死嘉靖皇帝。而各種資料表明，事件發生前，宮女們並沒有做錯什麼事情，既無大錯而又面臨危險，推察情由，這件事很可能是世宗煉製長生不老丹藥所致。朱厚熜貪戀女色，縱欲無度，他自己身體狀況越來越差，而愈是這樣，他又愈是迷戀道教仙術，以求長生不老。一些有名的方士、佞臣，都是以進獻房中秘方或煉丹藥而大發橫財。如陶仲文是嘉靖帝最寵信的方士之一，最初就是靠進獻房事秘方得到皇帝的寵愛。嘉靖帝一次給他的賞賜就是十萬兩銀，官至一品，兼領雙俸，他的子孫也由此受益。為了投皇帝所好，當時搜集進獻各種房事秘方、煉製或炮製各式長生不老丹及房中藥的風氣流行大江南北。

當時所進獻的秘方和煉丹藥可謂五花八門。其中「紅鉛」作為最流行的煉丹製藥之法，是將處女月經和藥粉經過拌和、焙煉而成，形如辰砂。還有一種「含真餅子」，即嬰兒出生時口中所含的血塊。據說這些藥物能夠起到強身健體和增強性欲的作用。在「壬寅宮變」兩年前，宮內這種煉丹之風達到了極點。嘉靖帝信用方士段朝用等人煉製丹藥，不惜犧牲宮女的身體，甚至年輕的生命。為了採得足夠的煉丹原料，皇帝強迫宮女們服食催經下血的藥物，輕則極大損傷宮女身心，重則造成失血過多甚至血崩，許多人因此喪命。此外，為了防止洩漏煉藥的秘密，甚至可能殺掉取過血的宮女滅口。可以推測，當時部分宮女親眼目睹宮內姐妹們飽經殘害，自知這種災難早晚會降臨到自己頭上，因而才決定拚死一搏，她們明知無論能否成功，死是在所難免，但既然怎麼都是死，不如與嘉靖帝同歸於盡。

第二種觀點認為，是甯嬪王氏首謀發動這次宮變的。為什麼王氏要指使宮女們殺死嘉靖帝呢？據說是這樣的。世宗自嘉靖元年大婚後，身體很虛弱，經常氣喘、咳嗽，直至嘉靖九年還沒有孩子。嘉靖十年，世宗在宮中欽安殿建壇求嗣，以求得到一個兒子。起初，以禮部尚書為監禮使，文武大臣輪流值班進香，一直沒有效果。到嘉靖十五年，請道士邵元節等主持祈壇。事情也是巧合，當年，後宮妃嬪就生了男孩，以後又生了好幾個孩子。甯嬪王氏也在這一年為嘉靖帝生了一個兒子，按慣例，她應該由嬪晉為妃，可是不知為什麼，世宗沒有晉封她。因此甯嬪王氏心存不滿。她便在嘉靖帝夜宿於寵妃曹氏宮中時，指使楊金英等宮女將皇帝勒死以作為報復，同時也可把責任推到曹氏身上。這一說法大抵是根據一般宮闈鬥爭的邏輯所進行的猜測，但於情理並不符。因為，一個生有皇子的妃嬪，為了爭寵而冒如此大的風險，沒有這樣的必要，十幾位宮女為給主人爭寵而不顧生死謀害皇帝，而且如此一致的態度，可能性也不大。

第三種觀點認為，世宗喜怒無常，任意殘害宮女而導致了這次宮變。

據歷史資料記載，嘉靖帝性格殘暴，喜怒無常，任意對待臣下，和後宮從皇后到宮女。孝潔皇后陳氏僅僅因為對朱厚熜好色有所不滿，朱厚熜便雷霆大發，命陳氏和她腹中的孩子一起死去。陳氏死後，朱厚熜立順妃張氏為后，寵愛有加。然而，朱厚熜就因為一件小事，一怒之下廢了張氏，改立德妃方氏為后。方氏在壬寅宮變中對嘉靖帝有救命之恩，但她處死了皇帝寵妃曹氏。朱厚熜心有戒恨。幾年後，後宮失火，朱厚熜竟然眼看著大火燃燒而不救，使方氏在害怕和驚嚇中死亡。

對皇后都是如此，嘉靖帝對待出身低微的宮女宮婢，當然不看在眼裏。朝鮮史書所載，朱厚熜雖然貪色，但宮人只要犯了一點小小的錯誤，從不寬恕，痛加責打，因此多達二百多位宮女被打死。這種非人的待遇，使宮女們擔驚害怕，蓄謀拚死鬥爭。而這起宮變也正是因為這種原因，宮女才發出「咱們下手了罷，強如死在他手裏」的呼聲。

第四種觀點，依正史所載，此次宮變，與一妃一嬪有關。推測可能是一場政治鬥爭。

明武宗也是荒淫無度、縱欲過度而死時，沒有留下子嗣，也未留下遺囑，臨終時告訴身邊太監，由太后與朝臣商議酌定立嗣之事。經慈壽皇太后與朝臣商議，興獻王之子朱厚熜被迎立，即明世宗嘉靖帝。論輩分，世宗與武宗為堂兄弟，如按繼承皇位的要求，他應尊重皇家傳統，稱自己生父興獻王為叔父，而尊武宗之父明孝宗為父。但朱厚熜卻希望尊自己的生父為皇考，甚至想追封興獻王為皇帝。由於皇統的問題事先沒有講明。導致朱厚熜即位後朝廷爭論不休，很快一場政治風波在嘉靖初年上演。以內閣首輔楊廷和為代表的一方，主張尊重明朝的皇統；而以璁等人為代表的一些大臣，則迎合嘉靖帝私意，要求按照嘉靖的意思行事，明廷上下圍繞這一問題展開了一場史稱「大禮儀」的激烈爭論，延續近二十年。這場鬥爭表面上是禮儀之爭，而實際上，時起時伏，它的實質是朝臣與皇帝、朝臣各派系之間的激烈權力鬥爭。

大禮儀剛剛以嘉靖帝的勝利宣告結束，發生壬寅宮變，而且與一妃一嬪，即端妃曹氏和甯嬪王氏有關，因此，推測涉及大禮儀，是政治鬥爭失敗者利用妃嬪除掉嘉靖帝的結果。

總之，這次宮變因何而起，正史沒有能夠給出明確的解釋，人們對此只能做出種種估計，但證據都不夠充足，無法使各家看法統一起來。

曇花一現的帝王——李自成之謎

李自成（一六〇六～一六四六），名鴻基，陝西米脂李繼遷寨人。幼年為牧童，後充銀川驛卒，崇禎二年（一六二九）起事。其有勇無謀，目光高遠，被稱為闖王，更因其「均田免賦」的口號，使起義隊伍日益壯大。曾克汝州、西安等地，崇禎十六年，建大順，號永昌，次年克京師，致明朝覆滅。吳三桂引清兵入關後，被迫撤出北京，於永昌二年（一六四五）被殺於湖北。

明末農民起義著名領袖李自成是馬夫出身，童年給地主牧牛。他於一六四四年農曆三月十九日，指揮農民起義軍由德勝門進入北京城，推翻了統治中國達二百七十三年的明王朝，開闢了一個歷史新紀元。可是，在山海關戰爭中，農民軍面臨吳三桂所部和清兵的左右夾攻，敗得很慘，四月二十六日撤回北京，四月二十九日，李自成匆匆在武英殿即位稱帝，隨之即將明宮付之一炬，並撤出北京。以後，李自成連連敗北，先後退至保定、山西、陝西西安，再往南經漢中撤至四川，順江東下，於湖北武昌、江西九江被清兵打得落花流水，無法東行，不得不向西南方向突圍，李自成於一六四五年在行軍至湖北通山縣境九宮山時，突遭地方鄉兵襲擊而亡。

李自成死於湖北通山縣境九宮山之說，是目前通行的歷史教科書和工具書的說法，但在歷史文獻記載和學術界，則對此說法持懷疑態度，關於李自成的最後歸宿眾說紛紜，大致有三種關於李自成下落的說法：一是李自成戰鬥犧牲；二是李自成病死或自殺；三是李自成當時並沒有死，而是削髮為僧。而李自成戰死或病死的地點更是莫衷一是，有湖北通城縣的九宮山，湖北通山縣的九宮山，辰州，武昌，還有黔陽羅公山等不同的說法。

依據何騰蛟的《逆闖伏誅疏》和清將阿濟格的奏報，認為李自成犧牲於通山。「闖死確有實據，闖級未敢扶同，謹據實回奏事……闖勢實強，闖伙實眾，何以死於九宮山團練之手？誠其有故；闖逆既死，則宜留首級示信，何以首級竟不可得？亦有其故，請為皇上陳之……闖果為清所逼，自秦豫奔楚，淫雨連旬，闖逆困於馬上者逾月……天意亡闖，以二十八騎登九宮山，為窺伺計不意伏兵四起，截殺於亂刃之下。相隨偽參將張雙喜，係闖逆義勇，僅得騎馬先逸。而闖逆之劉伴當飛騎追呼曰：『李萬歲爺被鄉民殺死馬下！』二十八騎無一倖存。一時賊黨聞之，滿營聚哭。」

當時，何騰蛟部將趁機讓投降的原李自成屬下，「眾口同辭」道李自成死於鄉兵之手，而因「道阻音絕」，以及炎熱的天氣，其首級「已化為異物」。何騰蛟又說，李自成死於鄉兵之手，純粹是意外情況，鄉兵也是事後才知道圍殲的是李自成。最後，何騰蛟對農民軍歸順的轉變過程做了如下解釋：「自逆闖死，而闖二十餘萬之眾，初為闖逆悲號，既而自怨自艾亦自失，遂就戎索於臣。逆闖若不死，此二十餘萬之眾，偽侯偽伯不相上下，臣亦安能以空拳徒手操縱自如乎！」（文秉《烈皇小識》附錄），此篇奏疏應該是最為可信的資料。

當時，身為五省總督的何騰蛟只有有限的兵力，圍殲李自成的二十萬大軍是不可能的。同樣，也不是清將阿濟格殺死李自成的。作為清軍圍殲李自成的最高將領，阿濟格首先向朝廷奏報李自成在九宮山已亡，說：「賊兵盡力窮，竄入九宮山，於山中遍索自成不得，又四出搜緝。有降卒及被擒賊兵，俱言自成竄走時攜身步卒僅二十人，為村民所困，不得脫，遂自縊死。因遣素識自成者往認其屍，屍朽莫辨，或存或亡，俟就彼（處）再行察訪。」（《順治實錄》卷十八）。

阿濟格是奉命專力追殲李自成的統帥，何騰蛟是明軍圍殲李自成的最高將領，他們的奏報應該是有根據，也不至於弄虛作假，從兩人奏報內容看，還是符合實際的，有疑存疑，沒有為了邀功而誇大。此外，如吳偉業《綏寇紀略》、谷應泰《明史紀事本末》、費密《荒書》等野史，均記載李自成被殺也是比較可靠的。尤其是《通山縣志》在李自成死後二十年對李自成死於程九伯之手有明確記載，《程氏宗譜》也詳載程九伯殺李自成的整個過程，並因此得到清朝廷的獎賞。

關於李自成通山縣九宮山之死，不僅在一些官方著作如《東華錄》、《貳臣傳》有這種說法，而且在清初《南疆主義》、清中《小腆紀年附考》、《聖武記》等一些私家著作也做了記錄。同時，如李文治、郭沫若、姚雪垠一些研究明史的史學家，都同意這種說法。

李自成兵敗之後的結局如何，文獻記載莫衷一是。經兩百多年清代眾多學者的考證，拋棄了虛假和錯誤的說法，共同結論是：順治二年五月，李自成在湖北通山被九宮山鄉勇殺害。至於李自成出家為僧的各種說法，清代學者從乾隆年間開始，不斷的批評，認為李自成遁入空門缺乏有力的證據。民國年間，許多知名學者就這個問題進行了更深入的考證，證實了清代學者的考證。

《廣虞初新志》所載《李自成墓》條是「出家」說法所據的最原始的根據，它記述乾隆年間澧州知州親赴石門縣夾山寺事，何磷根據詳細的推理，斷定李自成就是奉天玉和尚，因李自成曾稱「奉天倡義大元帥」，後又自稱「新順王」。並認為李自成使了金蟬脫殼計，「設疑代斃」，為了逃避扼守長沙的明將何騰蛟的追殺，便令其妻侄投降，自己則乘機逃走，並圖謀由貴州進入四川，與張獻忠合兵。其他一些著作中也有此說。徐鼒《小腆紀年附考》記載有李自成夾山為僧事，說有一七十餘歲老僧，自云「順治初入寺，不言來自何處，其聲似西人，自號」，並斷定李自成就是奉天玉和尚。而據後來發現的野拂所寫的《奉天玉和尚墓前殘碑》和中興夾山祖廷弘律《奉天玉和尚塔銘碑》，根據內容推測，野拂是奉天玉和尚的師父，而且生平與李自成很是相似，也可斷定李自成就是奉天玉和尚，而李過即為野拂。

這種說法的另一種證據是對李自成被殺的可能性的分析：（一）認為李自成手下有二十萬大軍，怎會死於鄉兵之手？（二）認為李被殺，可是首級一直沒有找到。一直令當時的人和後來的人表示疑惑。主張此說的根據不僅有何磷的《書李自成後》為據，而且還有《直隸澧州志》、

《石門縣志》、《米脂縣志》等書。著名學者章太炎也同意這種看法。

到底李自成是戰死，還是入寺為僧，兩種說法長期以來一直爭論不休，其原因之一是當時的文獻本身存在矛盾的說法，但也有人為的因素造成的，李自成作為重要人物，官方、民間、野史各持己見，有些完全是子虛烏有，甚至出於主觀原因妄自虛構，導致現在更加撲朔難辨。

目光高遠的選擇

元太宗即位之謎

元太宗（一一八六～一二四一）窩闊台，成吉思汗第三子。其性情內斂，城府幽深，處世寬容，因之被父選為即汗位人。即大汗位後，重用耶律楚材，滅金，一二三六年更是將拔都派出西征，遠至歐洲中部。其注重經濟，採納「漢法」，令大汗國逐漸興盛、強大。

元太祖鐵木真出身於蒙古部孛兒只斤族貴族，幼年喪父，家境困苦，但他發奮圖強，彙集群英，使家業重振。於一二〇〇至一二〇六年間，戰勝了塔塔兒、克烈、乃蠻諸部，統一了蒙古主要部落。開禧二年，蒙古各部在斡難河畔舉行「忽里勒台」，他被擁立為大汗，號成吉思汗，建立蒙古汗國，並制定了軍事、政治、法律等制度，創制蒙古文字，促進了蒙古社會經濟、文化的發展。在一二一八至一二二三年間，進行了第一次西征，佔領了中亞細亞和南俄羅斯草原，建立了一個以和林（今蒙古人民共和國烏蘭巴托西南）為中心橫跨歐亞的大汗國。一二〇五至一二〇九年，曾三次進軍西夏，迫使西夏納貢乞降。從嘉定四年開始向金進兵，於嘉定八年攻佔金朝中都（今北京）。他一生「滅國四十」，是一個有著豐功偉績、叱吒風雲的一代英豪。

成吉思汗的長妻孛兒帖共生了四個兒子：長子術赤、次子察合台、三子窩闊台、四子拖雷。成吉思汗讓術赤管狩獵，察合台掌法令、窩闊台主朝政，拖雷統軍隊。他們都為蒙古帝國的奠基立下了汗馬功勞，猶如帝國的四根台柱。

蒙古自古流傳著幼子有優先繼承權的習慣。長妻所生的幼子，蒙古語叫斡惕赤斤，意為「守護灶之主」，是留守家業者，而他的兄長們則要到外面另立爐灶。成吉思汗克制了自己對小兒子拖雷的寵愛之情，打破蒙古的舊傳統，讓三子窩闊台為儲君。歷史的發展表明了他選擇的繼承人沒有辜負他的期望，也證明了他的遠見卓識。

成吉思汗為什麼要選窩闊台為儲君呢？

成吉思汗雖然以攻城掠地使蒙古帝國初具規模，但他深謀遠慮，清醒地認識到他的繼承人不單要有軍事家的本領，更要有政治家的才能，這樣，才能鞏固和發展他開創的大業，並且使江山永固。他逐一分析了自己四個兒子的才能和特長，認為窩闊台比其他三子都高出一格，認為窩闊台意志堅定，忠厚崇仁，舉事穩健，能擔負起治國安邦的重任。心裏早有了打算。所以，當嘉定十二年，成吉思汗揮師西征前，他便召集了諸子及胞弟，議定窩闊台為汗位繼承人。

此後，成吉思汗率四個兒子，分四路大軍踏上了討伐花剌子模國的征程。歷時六年，凱旋而歸。

寶慶元年，成吉思汗指責西夏國主違約，再次親率大軍征討西夏。次年六月，西夏國主李晛派兵迎戰，結果被擊潰，只好遣使投降。成吉思汗遂揮師南下，渡過黃河，將兵鋒直指全國。經積石州，臨洮路，一直攻下京兆（今西安）。

寶慶三年七月，成吉思汗身患重病，一臥不起。他自知死期臨近，便招諸子於枕邊。叮囑兄弟之間要和睦相處，精誠團結，並重申：「如果你們希望舒服自在地了此一生，享有君權和財富的果實，那麼，有如我在不久以前已經讓你們知悉的那樣，窩闊台將繼承我的汗位，我要把帝國的鑰匙放在他的英勇才智的手中。」

按照封建制度，帝王駕崩後應立即由他指定的繼承人登基。但是，由於蒙古的「忽里勒台制」（部落議事會制度）仍起作用，窩闊台暫不能因其父的遺命即位，而要等忽里勒台的最後決定。在王位空缺的兩年內，由拖雷監攝國政。

到了忽里勒台推選新大汗的時候，為此整整爭議了四十天。此時，術赤已死，察合台全力支持窩闊台，只有宮廷內的少數人主張讓拖雷即位。拖雷無奈，只得擁立窩闊台。經過與會貴族的再三勸進，窩闊台終於答應繼承汗位。是為元太宗。

鐵木真之名的由來

成吉思汗父親為其乞顏部酋長也速該。其名字「鐵木真」之由來，乃是因為在他出生時，乞顏部正好俘虜到一位屬於敵對部族，名為鐵木真・兀格的勇士。按當時蒙古人信仰，在抓到敵對部落勇士時，如正好有嬰兒出生，該勇士的勇氣會轉移到該嬰兒身上。成吉思汗「鐵木真」之名遂因此而來。

苦心孤詣的安排——康熙廢立太子之謎

胤礽（?～一七二四），康熙帝第二子，康熙十四年（一六七五）立為皇太子，始涉朝政，並被委以重任。四十七年，康熙以「不法祖德」等罪名廢其太子位，監之。數月後又立為太子，五十一年，復廢太子，禁錮咸安宮。雍正二年（一七二四）卒。追封理密親王。

作為孝莊文太皇太后指定的太子，胤礽從小就受到父皇康熙的精心培育。他有才能，騎射、言談、文學都很好，不到十歲就跟隨康熙四出巡幸，學習處理政事。康熙（一六五四～一七二二）也培養他的威信，給太子制定了儲君的特有制度，體現太子威嚴的著裝、儀仗，用物與皇帝的差不多，國家三大節中的元旦、冬至以及太子的千秋節，王公百官要在給皇帝進表、朝賀之後，到太子處所進行同樣的儀式，要行二跪六叩首禮。藩屬朝鮮國書因沒有為胤礽避諱及表箋用詞不當，康熙帝都加以指責。康熙三次親征噶爾丹，均令胤礽留守京城，處理政事，可以說對胤礽這個太子給予了很大的信任。可是，在胤礽做了三十三年的太子後，於康熙四十年起突然被父皇廢黜，這個決定震動了整個朝野，更出人意料的是，半年之後，康熙又將廢太子重新立為儲君。但是好景不長，康熙五十一年，胤礽再度被廢。康熙的反覆廢立把所有人都打入了悶葫蘆當中，他這樣做的原因究竟是什麼呢？胤礽究竟犯了什麼錯？這個問題非常複雜，史學界對此一直存在著諸多說法。

有人認為，胤礽被廢的原因之一是結黨謀位。在人類社會進入「父傳子、家天下」之後，立儲就成為任何一個王朝不可缺少的一環。儲君就是未來的皇帝，一些官員為日後預做投資、奔走太子門下，在官僚集團內形成一個既依附於皇權又會對皇權構成某種潛在威脅的太子黨。只要一冊立太子，不管是否存在一個圖謀不軌、虎視眈眈的太子黨，總會有一些人趨附在太子身邊。

胤礽儲君的特殊地位，如果與其父皇、與諸兄弟、與貴冑朝臣的聯繫，各方面都能正確對待，就有利於朝政和他的順利登基，處理不好就會出大亂子。胤礽雖然年輕，但做太子的歷史卻很長，隨著時間的推移，一部分人就想依附於他求取發跡，遂在他周圍形成了一個小集團，主要成員是索額圖。此人是胤礽生母孝誠仁皇后的親叔父，即是胤礽的叔外公，早在康熙八年（一六六九年）就擔任了大學士，二十五年（一六八六年）改任領侍衛內大臣，隨後率領使團與俄國簽訂尼布楚條約，是康熙前期的重臣。他向著外孫，極力使皇太子的儀衛接近於皇帝，更為嚴重的是他反對康熙，圖謀胤礽早日登極。

康熙為保護帝位，對太子黨的活動自然不能容忍，但投鼠忌器，為保護皇太子，不使事態擴大，只懲治少數人。太子黨人的活動把胤礽推到了康熙的對立面。康熙四十七年，從木蘭圍場返京途中，胤礽每夜在康熙住的帳篷周圍活動，從縫隙處窺測乃父行動，康熙認為他可能要謀害於己，為索額圖報仇，因此晝夜不寧。康熙對胤礽的容忍是有一定限度的，四十七年九月終於做出了廢黜太子的決定，並迅速付諸實行。

廢太子事件發生後，皇長子胤禔和皇八子胤禩認為太子既廢，於是到處結黨謀求儲位。他們的活動令康熙感到事情的嚴重性，立即制止諸子結黨傾軋，同時又對滿洲屬人宣布，不許與諸皇子非法結黨。可是，太子是國本，國家當有儲君，而且康熙立太子已達三十多年之久，朝臣皆有立太子的心理習慣，康熙本人也不例外，在這種情況下若再立一個太子，既符合臣民心理，又免得諸子爭奪儲位，所以康熙在廢太子不到一個月的時候，就有再立太子的打算，但是立誰好呢？

康熙命朝臣推薦太子，在佟國維和馬齊的示意下，朝臣一致舉薦胤禩，康熙對此非常不滿，一面懲治馬齊，譴責佟國維，一面決心啟用胤礽，乃於四十八年（一七〇九年）三月把他復立。他懲處馬齊、佟國維之意，是不許朝臣干預立儲。胤礽並不是康熙的理想太子，再次冊立他，只是用他填補儲位的空缺，以扼制諸皇子結黨謀位。康熙深知臣下擁立儲君，將來會以此要脅正位的太子，擅權恣肆，對皇權不利。他考慮的是清朝的長治久安，把立太子當作是皇帝個人的權力和事情，結黨謀求儲位就是侵犯他的權力，就是危害朝廷的行為，結黨謀位者就沒有資格充當儲君。所以康熙在胤礽再立過程中進一步明確，在發生過廢立太子事件的客觀條件下，不能用結黨謀位的人為儲君。

雖然再度被立，但胤礽的地位很不鞏固。胤礽可能意識到這種形勢，再次結成團黨，希望早正大位。康熙發現之後，指斥胤礽為無恥之尤，與惡劣小人結黨，再加上服御陳設等物超過皇帝標準，因此將他廢黜圈禁，終於使胤礽再次喪失太子的政治生命。

除了結黨謀位，太子的人品令康熙不滿，恐怕也是被廢的原因之一。皇儲與皇帝只差一步，唾手可得的皇帝寶座足以使胤礽狂妄自大，惟我獨尊，惟我是從，奢靡縱欲，總之，一切貴族子弟的惡習，他無一不備。胤礽貪婪貨財，以致侍從康熙巡幸，把外藩蒙古進貢的馬匹也掠為己有，性情暴躁，毫不克制，責打王公貴族，當著父皇的面，把官員推到水中。康熙行政注重寬仁，這就使父子間政見相左，令康熙感到後繼非人，擔心胤礽當政禍國殃民的惡果。

康熙以「孝」治天下，「父慈子孝，兄友弟恭」是他所尊崇的倫理道德。他自己孝養太皇太后和皇太后，並以此期望於胤礽，哪知胤礽不顧乃父死活，更不講孝順了，因此康熙認為他「絕無忠愛君父之念」，父子感情惡化。康熙四十七年，他帶領胤礽及幾位小皇子於木蘭秋狩返京途中，隨行的皇十八子患重病，胤礽毫不關心，康熙以兄友之義責備他，他根本不當回事，讓康熙大為憤怒，對待兄弟如此無情，這樣的人日後如何成為仁君呢？

當年立儲君的時候，康熙認為太子應當有三個條件：一是要忠於父皇，不可結黨謀位，二是為人仁義，將來為政清明有道；三是孝友為懷，做儲君時能守孝道。從實際來看，胤礽根本不符合康熙的標準。

有人認為，胤礽的個性暴躁瘋狂，也是令康熙厭惡的原因。胤礽因性情暴躁不時鞭打左右，就連平郡王納爾素、貝勒海善、公普奇等也不免「遭其毆撻」，因「暴怒捶撻傷人事」屢有發生。胤礽變態的個性，使得康熙「毫無可望」，堅定了再廢太子之念。

太子這樣的性格，固然跟他自己的天性有關，但是更關鍵的原因恐怕是被儲權所扭曲而導致的。

康熙的確很注意皇太子能力的培養，在三次親征噶爾丹（康熙二十九年，一六九〇年；康熙三十五年，一六九六年；康熙三十六年，一六九七年）期間，俱令太子留守京師，處理日常事務，各部院衙門的所有本章，「停其馳奏，凡事俱著皇太子聽理，若重大緊要事著諸大臣會議定，啟奏皇太子」。在康熙看來，祖宗留下的江山社稷最終要由他交付皇太子去治理，為此，他不得不對胤礽進行強化教育，對「往古成敗」、「人心向背」、「守成當若何、用兵當若何」都要「精詳指示」，一一面授機宜；為此他安排皇太子學漢文、學滿文、學騎射、讀經史、習書法，自朝至暮「讀書無逸齋」，「雖元旦佳節封印之期，亦不少輟」。

然而，超負荷的訓練，極大地摧殘了胤礽的身心，在陪同康熙第四次南巡時（康熙四十一年，一七〇二年），胤礽因過度勞累中途病倒，險些魂斷德州府。康熙皇帝在給李煦奏摺的硃批上有「不意皇太子偶感風寒，病勢甚危」等語。胤礽的病並非一般傷風感冒，而是邪寒由表及絡，又由絡及裏。發病初期惡寒發熱，頭部及周身關節酸痛，繼而疼痛劇烈難忍。胤礽在從永清啟程之前（九月二十七日）即已不適，因未能及時調治，在從景州向德州進發途中已呈現出傷寒的症狀：上吐下瀉，畏冷無汗，四肢冰冷，有時甚至全身戰慄。十月初三，在抵達德州的前一天，年輕的皇太子已處於昏迷狀態。

在胤礽病危期間，康熙對其「多方調治」。從十月初三到十月二十二整整二十天的時間，他不僅日夜守護在胤礽身旁，還要對太醫所開方劑反覆斟酌，終於使得皇太子的病情化險為夷。皇太子的身體雖已康復，但留在其心靈上的苦痛是很難消失的。同為皇帝兒子，當他從早到晚在無逸齋發奮苦讀之時，他的兄弟們卻在御花園盡情戲耍；當他從駕出巡飽嘗顛簸之苦時，他的兄弟們卻在皇宮內恣意享樂。這種巨大的反差，在胤礽的心中，引起越來越強烈的不滿，於是這位皇太子便在皇帝親征期間，尋歡作樂，宣洩被壓抑的欲望。久而久之，太子「暱比匪人」的傳言也就飛入康熙的耳中。

在長達二十年的時間，胤礽是在儲位危機日益明顯、步步緊逼的情況下度過的。皇儲一旦被廢就意味著失去一切，甚至要失去生命。他在一隻腳已踏上通往權力之巔的坦蕩之路的同時，另一隻腳卻仍停留在陡壁上。在這種高度緊張的狀態下，胤礽已經煎熬了至少二十年，他沒有天真的童年，也沒有充滿歡樂的少年，更沒有生機勃勃的青年。他的心靈、軀體都被皇太子的身分所窒息。畸型的自尊驅使他必須時時事事循規蹈矩，難以遏制的欲念卻又使他屢屢越軌：皇儲地位所培育出來的獨尊意識使得他不免在無意之中觸犯皇權，在通往權力之巔的漫漫歲月中又令他誠惶誠恐，如履薄冰。為了克服那日益明顯的儲位危機，他必須及時瞭解父皇的喜怒哀樂，善於捕捉父皇含而不露的思緒，想父皇之所想，急父皇之所急，言談舉止都要與父皇保持一致。既然他的生命是康熙生命的延續，他的儲權是康熙皇權的延伸，他的靈魂就理所當然受康熙靈魂的支配。他不能有自己的思想，自己的好惡，自己的喜怒哀樂，他的軀體只能是康熙生命的投影。在歷經三十三個春秋之後，胤礽仍未能摧殘或掩飾自我，於是這個生活在精神桎梏下的皇太子，終於淪為身繫鎖鏈的階下囚。

長時間的高度緊張使得胤礽心神不寧、疑神疑鬼，無休止的自我遏制，又使得胤礽不勝其煩，一旦失控便遷怒他人，鞭打下屬。宣洩之後，接踵而至的則是新的更深的危機，如此惡性循環，不僅使胤礽的精神瀕於崩潰，也使得那惟恐失去的儲位終於失去。

平心而論，二阿哥胤礽在康熙諸子中的確是才具一般，學識遠不如三阿哥胤祉，韜略又不及四阿哥胤禛，名聲比不上八阿哥胤禩，才幹更不像十四阿哥那樣得到公認。而嫡出的特殊身分以及皇太子的特殊地位，使得性格暴躁的胤礽最為驕橫。被廢的經歷雖然使他猛醒，但多年所形成的個性、惡習卻已根深蒂固。兼之這位二阿哥又是一個天生不會掩飾自己弱點的人，他的表現再次與康熙的期望值發生衝突，結果只能是他再次淪為階下囚。

歸根到底，釀成康熙父子感情危機的根源是高度集中的皇權。康熙在廢太子之前頒佈的那道上諭中，所強調的「國家惟有一主」、「大權所在，何得分毫假人」就充分反映出這一點。這裏所說的「大權」不得「分毫假人」，恐怕主要是針對胤礽而言。當康熙感到自己的皇權受到太子的挑戰後，當然不能容忍。在經歷兩立兩廢之後，康熙無意再立太子。對於臣下的籲請，實際是一拖再拖，或以儀注為藉口進行搪塞，或以皇太后喪期拖延時間，直至無推辭之言時，又以「動搖清朝」這種駭人聽聞的罪名懲治進言者，以鉗天下人之口。康熙僅僅給群臣留下了一個許諾、一個安慰：「即使朕躬如有不諱，朕寧敢不慎重祖宗弘業，置之磐石之安乎？待到那時，爾等自知有所依賴也。朕萬年後，必擇一堅固可托之人與爾等做主、必令爾等傾心悅服，斷不至賠累爾諸臣也。」

康熙屬意的是誰？他從未透露給任何人。任何人也從未敢於觸及過他的這塊心病。人們，包括覬覦皇位的諸皇子，只能遠遠地暗自忖度。

康熙是了不起的帝王，在位六十一年，平定三藩，統一臺灣，掃清漠北，穩定西藏，修治黃河，實行滋生人丁永不加賦的社會政策，鞏固與發展清朝統治，促進社會經濟的恢復發展，促進中國統一多民族國家的興盛，有功於民族國家。但是他也不是白璧無瑕，在立皇儲的問題上，他處理的實在不好，造成了政治混亂，也使他自己身體耗損，威信降低，晚年的康熙不能保持勵精圖治的精神狀態，實由於儲位問題把他搞得精疲力盡，再也沒有精力去實現自己的雄心壯志了。

僥倖存活的皇脈

明孝宗登基之謎

明孝宗（一四六七～一五〇五），朱祐樘，憲宗第三子。成化十一年（一四七五）立為太子，二十三年即皇帝位。其登極後，減供御品物，停省工役，賑濟天災，朝宇清寧，民物康阜。弘治十八年（一五〇五）五月，病卒，謚號敬皇帝，廟號孝宗。

孝宗朱祐樘，年號弘治，是明代第九位皇帝，也是明代少數有作為的皇帝之一。朱祐樘也是明朝身世最為可憐的皇帝，如果不是宮裏一位善良的太監和他的祖母皇太后，他就是有一百條命，也丟在後宮裏了。後來當上了皇帝的朱祐樘大概是經歷了很多災難和痛苦，所以格外能夠體恤民情，在他統治時期政治比較清明，百姓安居樂業，較前代有了很大的改觀，因此被稱為「弘治中興」。

孝宗為什麼能成為一位有作為的君主呢，這與他幼年時的悲慘命運是分不開的。孝宗的父親憲宗皇帝朱見深是一位非常奇怪的人，他有深重的戀母情結，寵愛一位比自己大十九歲的宮女，而且終生不渝，這位宮女就是著名的萬貴妃。萬貴妃此人也並非等閒之輩，她的城府很深，懂得如何籠絡住皇帝，如何駕馭後宮，孝宗皇帝的第一位皇后吳氏就是因為氣極之下打了萬貴妃而被廢的，可見萬貴妃在皇帝心目中的份量。

幾年之後，萬貴妃為孝宗皇帝產下一子，本以為母以子貴，將來孩子當上皇帝，自己也能成為皇太后，可是誰知孩子福薄，不久就夭折了，這件事使得萬貴妃十分痛心，同時，為了不使別的妃子通過生皇子與自己爭寵，於是萬貴妃在後宮廣設耳目，一旦發現妃子們被皇帝臨幸以後，有懷孕的跡象者，就馬上派人給她強行灌避孕藥，後宮之中人人自危，但攝於萬貴妃的淫威，無人敢出首，宮中只瞞著皇帝一人。

一天，萬貴妃在宮中的耳目報告，紀氏被皇帝臨幸後好像懷孕了。這位紀氏本是少數民族叛亂被鎮壓後，作為俘虜充入後宮的，但是由於面目清秀，偶爾被憲宗臨幸，誰知竟珠胎暗結，有了身孕。萬貴妃得知後還是照方抓藥，派人去給紀氏打胎，可是紀氏肚中的小孩生命力非常頑強，打胎藥沒起作用，但萬貴妃怎肯善罷甘休，她又派出宮女去調查，但宮女良心發現，回來後聲稱紀氏並未懷孕，而是得了一種怪病，萬貴妃果然相信了，於是將紀氏打入冷宮。

不久之後，紀氏順利產下一子，這就是大明王朝的第九位皇帝孝宗朱祐樘。產子之後，為了避免萬貴妃的追究，紀氏讓太監張敏將嬰兒遺棄，但張敏沒有這樣做，而是用蜂蜜養活了小皇子，在眾人的悉心照顧之下，嬰兒的性命終於保存了下來，並一天天地長大。

六年後的一天，太監張敏伺候成化皇帝梳頭，皇帝看著自己已經有了白髮，而膝下卻一位皇子都沒有，不禁為明朝今後的命運擔心，並連聲嘆氣，此時的張敏再也忍不住了，他撲通一聲跪在地下，向皇帝詳細講述了小皇子的故事，憲宗聞後大喜，馬上派人將皇子接入宮中，取名朱祐樘，並馬上冊立為皇太子。可是紀氏卻於不久後暴亡，太監張敏也不明不白地服毒自殺了，據說兩人的死與萬貴妃有關。

皇子雖然被接入宮中，但處境十分危險，為了替皇家保存一點骨血，皇太后周氏毅然擔負起了照看皇子的責任，萬貴妃不敢招惹皇太后，小皇子得以保全，一天，萬貴妃讓小皇子到她的宮中去玩，周太后本來不同意，但又不好駁萬貴妃的面子，於是反覆囑咐小皇子到了萬貴妃的宮中什麼也不許吃。到了萬氏宮中，萬氏果然擺出了許多好吃的，可朱祐樘任憑萬氏說破了嘴也一口不吃，萬貴妃追問原因，小皇子只好承認，害怕有毒，萬氏聽後，心知小皇子一旦即位，自己肯定沒有好日子過，於是抑鬱成疾。

成化二十三年萬氏暴亡，憲宗皇帝悲傷過度，相繼去世，幼年坎坷的朱祐樘登上了皇位，開始了他的帝王生涯。

掠奪還是繼承——雍正登基之謎

康熙（一六五四～一七二二）名玄燁，福臨第三子。八歲即位，十四歲親政。其親政後，誅鰲拜，平三藩、收復臺灣、剿滅噶爾丹等，舉措令四海寧靜，又倡儒學，開史館、編纂多種圖書，一時間，國富民強，天下太平。作為帝王，其胸納百川，心繫黎民，堪為明君；作為凡人，其勤學不倦，學識淵博，實為才俊。卒後尊諡仁皇帝，葬景陵。

康熙駕崩以後，第四皇子胤禛在激烈的皇位爭奪中，終於以勝利者的姿態登上了皇帝的寶座，這就是歷史上有名的雍正皇帝。雍正嗣位，長期以來在民間有種種傳說。有的說，康熙臨死前曾手書遺詔，傳位「皇十四子」，而第四皇子串通舅舅隆科多等人，把遺詔中的「十」字改成「于」字而登上了帝位；也有人說，康熙臨死前並沒有立什麼遺詔，而是隆科多耍了手腕，將康熙死前宣召十四子篡改成宣召四子；還有說，康熙本來就以四子胤禛為繼承人，如此等等，眾說紛紜。

在這個問題上存在爭論的根源，在於康熙的遺詔不是親筆所寫，所以最終宣布天下的繼承人究竟是他的意思，還是雍正自己的意思，就不得而知了。而晚年康熙對眾皇子捉摸不定的態度，也讓人猜不透他到底意屬哪個人作為自己的後繼者。

有人認為，雍正是謀父篡位。康熙心目中的皇位繼承人是十四子胤禵，這可以從康熙任命胤禵為征西大將軍一事看出。因為西征的戰役非同小可，是關係到中國半壁江山誰屬和清朝今後安危的重大問題，康熙必須認真地選擇他所最信任、最有能力的人充當大將軍。對胤禵的任命是為了提高他的威信，使群臣傾心悅服，也是康熙以新的方式選擇、培訓皇太子的決定性的環節。遺詔是隆科多獨自宣布的，他完全可以將「十」字改為「于」字，從而讓自己的外甥繼承大統。

對於這一種說法，有人提出了反駁：第一，康熙遺詔是用滿文寫成，用滿語宣讀的，不可能篡改。第二，隆科多與雍正原無深交，何苦冒險矯詔擁立？有關矯詔奪位的種種傳聞，無非出於政敵中傷。第三，胤禵若真是康熙未來的皇儲，為何長期滯留邊陲，令人費解。第四，根據《清聖祖實錄》記載，康熙病危前夕，曾將幾位皇子和大臣召至御榻前說：「四子胤禛，人品貴重，深肖朕躬，必能克承大統，著繼朕登基，即皇帝位。」康熙臨死前曾命雍正代行郊祀大典，可見康熙想立的就是雍正。

康熙對待皇子的態度，絕非一成不變，總是依據其人的素質、表現調整看法，因而皇子地位有升有降。讓我們來看看康熙皇帝和眾位皇子之間的關係歷史，也許能夠從中判斷出誰是他心目中合適的儲君。

太子胤礽兩遭廢黜，成了一具政治殭屍，肯定是跟皇位無緣了。那麼皇長子胤禔呢？胤禔作為長子，很得康熙寵信，三次從征噶爾丹，第一次且受命為副將軍，他是太子以外，諸皇子中惟一的王爵，他的母舅大學士明珠一度是康熙親信大臣，因與索額圖鬧黨爭被康熙撤職，這大概是他與胤礽矛盾的起點。他周圍也集聚一些貴族，有康熙舅舅佟國維家族的鄂倫岱、隆科多、順安顏及上三旗中的一兩個大臣，下五旗中的一些王子，他利用喇嘛巴漢格隆搞厭勝術，幻想咒死胤礽。在拿禁胤礽時，康熙怕胤礽謀害他，於是指派胤禔保護自己，胤禔卻向康熙建議，殺了胤礽，且不要皇父出面，由其進行。康熙聽了驚異不止，於此可見胤禔與胤礽矛盾的深重。胤礽被廢，他以為這是爭當皇太子的好機會，不惜露出凶相，這倒使康熙厭惡他，不但不會選中他，還將他終生圈禁，使其集團徹底失敗。

在胤禔將敗未敗，感到自身爭儲無望之時，轉而支持八貝勒胤禩，向康熙推薦，言相面人張明德說胤禩「後必大貴」。皇家發生重大事情，康熙派皇子為內務府大臣，處理一些家事，胤礽事出，康熙命胤禩署理內務府總管，他還是皇子中最年輕的貝勒，可見康熙對他的信任。

本來康熙很喜歡胤禩的，但他見胤礽被廢，胤禔被責，力爭當太子，他既有皇九子胤禟等黨羽為之大肆活動，又曾得到過朝臣的保舉，他的露骨謀位引起康熙強烈的不滿。康熙曾切齒道：

「八阿哥係辛者庫賤婦所生，自幼心高陰險，聽相面人張明德之言，即找人謀殺二阿哥。他想殺二阿哥未必不想殺朕！他與亂臣賊子結成黨羽，秘行險奸，見朕年老，歲月無多，或者逼宮篡位，或者等朕死後，因曾有群臣所保誰敢爭執，而自以為萬無一失了！朕深知其不孝不義行為，自此朕與胤礽父子之義絕矣，朕只怕必有行同狗彘之阿哥為之興兵構難，逼朕遜位而立胤礽者。若果如此，朕只有含笑而歿已耳！朕深為憤怒！特諭爾等眾阿哥，俱當念朕慈恩，遵朕之旨，始合於臣之理。不然，朕日後臨終時，必有將朕置乾清宮，而你等執刀爭奪之事也。胤礽因不得立為皇太子恨朕切骨，此人之險，實百倍於二阿哥也！」可見，胤礽集團受到了康熙的唾棄。

皇三子胤祉年長有學識，康熙跟他的關係是融洽而平淡的，雖然他給予了胤祉一定的鍾愛、使用，但他缺乏政治活動能力，兩次陷入部屬犯罪案，顯然沒有駕馭下人的本事，缺乏政治遠謀與行政才幹。這樣一個人如何能治理天下，所以康熙很難取中於他。胤祉雖然奉命做了一些事情，這與他的身分地位有關，似乎與選皇儲沒有特別的聯繫，對他來講沒有特殊意義，不過只是一般性的參與而已。

排行老五的胤祺心性甚善，為人淳厚，康熙很喜歡他，封他為恆親王，這似乎表明康熙希望他的王封能永久保持。他自幼由皇太后撫養，皇太后病危，他要求去料理事務，康熙不允，卻用胤祉、雍正等傳旨辦事。說明他沒有能力，不會得到重用。他對皇太子的位置是無所謂的，不競爭，也不結黨。

另一個皇子胤祹於四十八年（一七〇九年）受封為貝子，當時不引起人注意，以後康熙出行，他往往侍從。看得出來，胤祹在康熙心目中的地位在提高，顯然康熙也是把他作為一個有才能的兒子來看待的，但是沒有跡象要立他為皇太子。

康熙中意的對象只剩下了兩個：皇四子胤禛、皇十四子胤禵。在軍事上，康熙曾經對皇十四子胤禵給予了大大的器重。康熙五十七年（西元一七一八年），康熙破格任命貝子胤禵為撫遠大將軍，用正黃旗纛，親王體制，稱大將軍王，率師西征。出師典禮極其隆重。康熙親諭青海厄魯特各部：「大將軍是我皇子。確係良將，帶領大軍，深知有帶兵才能，故令掌生殺重任，爾等或軍務，或巨細事項均應謹遵大將軍王指示……與我當面訓示無異。」不過，康熙雖然喜歡他的單純、正直和能幹，有培養的意圖，作為選擇皇太子的一個人選，但他還不夠成熟，又有參加胤禩集團謀奪儲位的歷史，影響康熙對他的進一步信任，所以他只算是康熙擇儲的人選之一，而並不是理想的。

這樣，在所有的兒子中，沒有出過大差錯，為人穩重幹練，讓康熙比較滿意的就是皇四子胤禛了。康熙拿他選擇儲貳的原則分析雍正，認為他沒有結黨謀位。對於父子間的關係，康熙表示滿意，說雍正能夠體會自己的意思，有愛戴之心，又能殷勤小心，是真正的孝順兒子，這一點又符合了他選擇太子的條件。如此看來，康熙心目中的雍正是有能耐的孝順的好兒子，可以作為皇儲的一個候選人。我們不妨看一看皇四子胤禛這匹「黑馬」成功的秘訣。

首先，讓康熙滿意的是雍正有辦事能力。雍正辦事的特點是認真負責。事無大小，凡康熙交辦的，必恪盡職守，辦理完善。在他的辦事中，透露出嚴肅執法的精神，主張獎懲嚴明；對違法者、瀆職者，不徇情面，該揭發的、懲治的，絕不寬容，為的是嚴肅法紀，吏治澄清，提高行政效率。這一點可以看出雍正、胤禩兩個人的作風和政治觀是不同的：胤禩，不及雍正聰明，雍正才德兼全，且恩威並進，大有作為。胤禩是以仁義為綱領的，但講仁義的多屬維持現狀，不講求進取，雍正與他針鋒相對，講恩威並施，實質是整飭積習，振作有為。由此可見，儲位鬥爭中，不同派別的皇子中有不同的政治綱領，這也是儲位鬥爭成為政治鬥爭的一個內容。不過話說回來，雍正以嚴威政綱而有自己的特色，對有作為的官僚會是一種鼓勵，不過一定會為多數官僚所不喜，這可能也是他不為輿情所注意的一個原因。

第二，雍正的政治綱領，可能取得康熙的欣賞和部分官員的支持。康熙晚年積弊叢生，政治廢弛，國家需要有個主張施行嚴猛政策的能人來治理，以扭轉局面。這對皇室、政府和社會都是必要的，康熙可能是在晚年認識到這一點，從而認為只有雍正才是最佳人選，才能扭轉頹敗的局面。康熙實行寬仁政策，照理應以寬仁要求嗣子，但在廢黜胤礽之後，不取主張仁義的胤禩，是因情況變了，沒有鐵腕政策不行，以此期待於繼承人了。雍正以乾隆為嗣子，乾隆上臺宣布實行寬嚴結合的政策，打出乃祖的旗號，修改乃父的嚴猛政策，這也是政治形勢的需要，即經過雍正的嚴猛之後，應當是寬仁的出臺，以穩定政局。雍正自然知道兒子的思想，始終沒有改變繼承人的想法，是有政治眼光的。主張寬仁的康熙在晚年選擇主張嚴猛的雍正，也是明智的政治家的表現。

第三，雍正制定了聰明的人際關係策略。康熙英明，雍正若表現的愚蠢，必然被看不上，棄置一旁；倘若聰明過露，又會被認為有野心，可能遭到打擊，這兩種表現都會使自己與儲位無緣。所以，既要表現出有能耐，又不令父皇感到可畏，即不要重蹈胤礽的覆轍。對待諸兄弟，要以胤禩的暴虐為借鑒，多團結人，使有才能的不嫉妒，無才能的人來依靠。為此，雍正制定了處理父子、兄弟、朝臣、藩屬諸種關係的策略，以爭取各方面的好感和支持，建立、擴大自己的力量。對百官加意籠絡，無論是親貴、朝官、侍衛、漢人，都要和好相待，以便造成好輿論，影響皇帝。對藩邸人員加以培植，造成自己的嫡系勢力，作為鬥爭的核心。

其實雍正不是不結黨，而是結黨晚，活動不明顯，本身就不易引人注意，更重要的是他採取兩面派的活動手法，在康熙面前討好，給人以孝友為懷的感覺，有能耐而又不顯露，因此康熙看到他成年後好的品格，對他的結黨有所警惕，也只是疑心他參與胤禩之黨，想不到他是自營小團體，最後才放心地把政權交給他。雍正清靜淡泊的表象及與弟兄為友的表示，使人看不透他的廬山真面目，他對胤礽正當利益的維護，連胤禟也認為他講義氣，很難得。他關心胤禩的病情，頗有買好於對方的心理。這樣蒙蔽了敵人，不以他為目標，不到康熙面前攻擊他，不給他製造惡劣的社會輿論，使他得以從容謀取帝位。一句話，他麻痹了眾人，不動聲色地進行政治活動，走上皇位。

雍正的集團糾集不早，人也不多，但關鍵時候用上了力。顧命大臣隆科多以武力保護他登基，成功地控制京城治安，使雍正順利地接管中央政府。胤禵統帥的西北遠征軍，是地方上惟一可能發生事變的力量，但他受到了川陝總督年羹堯的扼制，無能為力，因此地方上也平安無事。雍正即位的順利，消除了人們的擔心，使朝鮮人禍亂必生的預言失靈，雍正集團起了至關重要的保障作用。

從史書記載來看，比起其他的皇子，康熙和雍正的父子感情比較親密。據《清聖祖實錄》記載，早在四十六年十一月雍正請乃父臨幸府園進宴，隨後胤祉也請乃父。統計《實錄》資料，康熙先後去雍正的圓明園和熱河獅子園十一次，六十一年多達三次，其中一次是諸皇子公請，但假座於圓明園，顯然雍正園苑為康熙樂意去的地方。康熙給雍正王爵賜號「雍親王」中的雍字，有多種含義，大約是取和睦的意思，他們父子關係和好，雖偶有小疙瘩，但很快解除，雙方感情向親密方向發展，到康熙晚年尤甚，六十一年，乾隆為康熙鍾愛之後，更發展了這種關係。

乾隆生於康熙五十年，是雍正第五個兒子，而其頭三個哥哥殤逝，他實際是老二。康熙六十一年三月，雍正於圓明園宴請康熙，覺得乾隆經書已學得不錯，才允許他參見乃祖，康熙見了高興，賜居暢春園澹寧堂，夏天帶到宮中撫養，隨侍熱河，駐在避暑山莊裏，康熙臨幸獅子園，帶著乾隆回家，並召見乾隆生母。乾隆晚年回憶此事，說那時康熙見其生母，連連說她是「有福之人」，忖度其意，是既然母親有福相，她孩子是可以繼承皇業的。換句話說，是康熙要把皇位傳給雍正，然後再由他來承襲。雍正、乾隆父子熱心宣傳康熙鍾愛乾隆，以說明康熙的確傳位給雍正。

所以，從表面上看，皇四子胤禛不如其他皇子鋒芒畢露，可是論實力和在父皇心目中的印象，他是最有資格繼承皇位的。不過究竟他當皇帝是不是老皇帝康熙的真正意圖，後人便無法探知了。

清宮三大疑案

雍正四十五歲即位，其即位經過至今仍是一個解不開的謎，對其繼位之說有多個版本。「雍正奪嫡」和「太后下嫁」與「順治出家」並稱「清宮三大疑案」。

竊賊還是仁君

王莽篡位之謎

王莽（前四十五～廿三），字巨君，是新王朝的建立者。西漢末年，王莽封新都侯，祿始元年（西元八年）稱帝，改國號為新。其在位期間，企圖以改革來扭轉國家經濟的頹勢，反而造成了國內矛盾激化。更始元年（西元廿三年），新王朝在赤眉、綠林等農民起義軍的打擊下覆滅，其亦死於戰亂。

漢朝四百年，中間有一個短命王朝，就是王莽的新朝，史書上習慣稱「新莽」。這個一世而終的王朝，歷史上的評價經常是反面的，而其君主王莽更常常遭到頗為惡毒的批判。

歷朝歷代的封建統治者，他們為了維護自己的統治，眾口一聲地譴責王莽，原因很簡單，因為王莽的新朝，是所謂「篡權」得來的。但是王莽究竟是個什麼樣的人？他的改革究竟是為了什麼進行的？這些問題值得進一步探討。

西漢末年的時候，統治腐化，社會矛盾叢生。那個時候，很多人都認為漢祚已盡，是改朝換代的時候了。睦弘上書昭帝說：「漢帝宜准差天下，求索賢人，禪以帝位。」蓋寬饒對宣帝說：「家以傳子，官以傳賢。若四時之運，成功者去，不得其人，則不居其位。」谷永也對成帝說：

「王者不可不明三統，明天帝所授者博，非獨一姓也。」就連漢哀帝自己也表示漢是再次受命於天，自稱「陳聖劉太平皇帝」。不難看出，在當時人們的頭腦中，萬世一系的思想並不是不可動搖的。

王莽出身外戚集團，但是自小孤貧無依，他「勤身博學，被服如儒生」，憑藉自己的努力，終於博得人們的稱譽。與他的那些爭著「以輿馬聲佚遊相高」的同輩兄弟相比，他對當時的社會危機和下層人民，自然有著更多的瞭解。他生於危世，卻能守身自持，是相當可貴的。在他輔政以後，他有很多義舉。分田給貧農，在長安城內建立常滿倉，廢除皇室遊玩地，派使者捕蝗，受災貧民免納租稅，安置流民，賜天下鰥寡孤獨老人以布帛。種種行為，使人們對他寄予厚望，上書歌頌他的人達四十八萬人次之多。

班固在《漢書》裏，把王莽說成是野心家，然而作為東漢政權認可者的班固，對一個結束了西漢王朝的人，評價能否公允，恐怕還有待商榷。

王莽當時徵集天下通曉逸禮、古書、天文、曆學、兵法、醫學、史學等士人數千人到京城，召開了中國歷史上第一次科學專家會議，這是有著劃時代意義的。他還為學者建築房舍近萬，在各地設立學校，培養人才。甚至連反莽的劉秀也是從王莽的太學中培養出來的。可以說，王莽能上臺不僅僅是憑藉裙帶關係，在腐朽的西漢機構和迫在眉睫的社會危機中，他以自己的抱負才幹卓立於同時代人中，做出一些興利除弊的好事，創造了改革的有利前提。

王莽的改革最終失敗，有人就認為他的改革「純粹是出於個人野心」，這種說法未免成者王侯敗者寇，難以服眾。歷史上任何一次改革，都是特定歷史條件下的產物，改革的成功與否，受到很多條件的制約。西漢董仲舒、師丹都曾提過限奴限田建議，尚未實行就被擱置，東漢劉秀實行度田核實也最終失敗，難道都應該受到譴責？

王莽改革的目的、內容和效果，人們可以進行分析評論，但實行改革本身是沒有什麼可指責的。他所處的時代，社會矛盾異常尖銳。豪強官僚兼併土地、蓄奴役貧，富商大賈囤積居奇，高利盤剝。這樣一來，自耕農紛紛破產。人民處於水深火熱之中，統治階級卻仍然競相揮霍。各地暴動連連，西漢社會已經走到了盡頭。

在這樣的情勢下，王莽看到了社會的危機，厲行改革，不能不說他在統治集團中獨具慧眼。居攝三年（西元八年），王莽開始改革，主要措施是禁止土地兼併，限制奴婢買賣，推行「五均六管」政策，統一度量衡，這些措施都有很重大的意義。雖然王莽推行的貨幣政策造成了經濟紊亂，但是這起因並非僅僅由於他要「聚斂個人財富」。

除了這些比較重大的措施外，王莽還對俸祿制度進行了改革。降低了各等官僚的待遇。他的目的是以犧牲大地主的眼前利益來重新鞏固整個統治機構。所以如果站在西漢末年的實際情況來看，可以認為他的很多措施都是具有進步意義的。

英國的李約瑟教授在他的《中國科學技術史》一書中高度評價王莽，認為他和王安石一樣，是中國歷史上兩大改革家之一。但是改革觸動了大地主和大官僚的利益，最終引來了他們的反對。在他們的壓力之下，王莽不得不妥協，因為他所賴以改革的階級恰恰就是這些人，這些人維護著他的政權。最後，巨大的戰爭經費引起了經濟的全面崩潰，改革前功盡棄。

從某種程度來說，王莽可以稱得上是中國第一位改革家。中國歷史上第一次政府推行的改革行為，是由他推行的。西漢末年社會的危急形勢，使他憂心忡忡。但是他並沒有改革的經驗，又有階級性的限制。他的本意是針對大地主階層進行改革，可是最終的結果是給人民帶來了浩劫。

中國歷史上，在危急的時代，在社會矛盾大爆發前，敢於大幅度調整政策，通過改革來挽救危局的人，實在是不多的。改革自有成敗，但成敗卻不能成為評價改革本身的惟一憑據。王莽只是西漢腐朽統治的替罪羊罷了，而他本身在某種意義上，卻是一個非常重要的人物。改革失敗了，可以說是一場悲劇，但是在危機關頭敢於改革的精神，卻是令人佩服的。

塵封的懸案

趙高弒君矯旨之謎

趙高（？～前二〇七），始皇末年任中車府令，掌符璽。始皇卒後，參與矯詔，胡亥稱帝時任郎中令，涉謀殺大臣及秦王室公之嫌，獨攬權柄。天下大亂後，殺秦二世而擁立子嬰，旋被子嬰殺，滅族。

兩千兩百多年前，秦始皇統一中國以後，命令數十萬人在今天陝西臨潼驪山為自己修築了一座龐大的陵墓，陵墓周圍埋藏著許多用陶土燒製的「兵馬俑」。這座規模宏大的陵墓工程用了整整三十六年多的時間修建完成，對世人來講，不僅這座舉世矚目的陵墓蘊藏著巨大的秘密，連陵墓的主人——秦始皇的死亡也充滿了神秘的色彩。

對於秦始皇的死亡，《史記・秦始皇本紀》記載說他第五次出巡時，行至平原津得病，在沙丘平臺（**今河北廣宗西北**）去世。丞相李斯擔心如果將消息發佈出去，天下必然發生動盪，所以秘不發喪，置棺木於轀涼車中，讓親信宦官守護。每到一處，按例進膳。百官向皇帝奏事，也由宦者假裝在車內應答。當時天氣酷熱，屍體開始發臭，於是李斯又用車載上一石鮑魚，來混淆屍體的臭味。直到進入咸陽，才正式發喪。這種種不同尋常之處，無疑使秦始皇之死增添了層層疑雲。

秦始皇死得的確蹊蹺，因為他身體一向健康，史料中也從未發現他患有暗病宿疾的記載，並不像歷史上有些封建帝王那樣體弱多病。如果他是那麼不堪一擊的話，那麼早年在荊軻行刺時，他就命喪在劍俠荊軻的手下了，但是他在驚慌中還能掙脫衣袖，繞著柱子逃跑，始終沒讓荊軻追上。而秦始皇第五次出巡時，才五十歲，並不算衰老。總之，以秦始皇的體質與當時的情況看，還不至於在沙丘一病不起。所以，在出巡途中，宦官趙高有可能弒君。

趙高與蒙恬、蒙毅兄弟有宿怨。據說，趙高當年差點因犯大罪被蒙毅處死，要不是秦始皇過問，他早沒命了。當時，蒙恬挫敗匈奴，軍功赫赫，蒙毅位至上卿，兩兄弟不僅深得始皇信任，還為公子扶蘇所倚重。一旦扶蘇即位，蒙氏兄弟的地位必將更加鞏固，這對趙高極其不利。權衡之下，趙高決定投靠秦始皇最寵愛的第十八子胡亥，以胡亥來對抗扶蘇，然後才不會讓蒙氏兄弟得意下去。秦始皇病重，下詔給扶蘇說：「與喪會咸陽而葬。」顯然是想要扶蘇即位。趙高明白，此事有關自己的生死榮辱，須當機立斷。

秦始皇口授詔書給扶蘇時，趙高參與其事。詔書封好後，趙高卻扣壓未發，欲找機會說服胡亥和李斯，矯詔殺扶蘇。但詔書不能扣壓太久，萬一始皇病情有起色，得知詔書未發，趙高就獲死罪。萬一始皇彌留不死，李斯又未被說服，反而向始皇告發，趙高也要被殺頭。所以，只有在勸說李斯之前殺了始皇，才能萬無一失。可見，趙高在扣壓詔書的一刻起，就如同箭在弦上，不得不發了。

據《史記・李斯列傳》記載：「沙丘之謀，諸公子及大臣皆疑焉。」從當時尖銳的矛盾分析，趙高弒君的可能性很大，然而事情畢竟發生在兩千多年之前，秦始皇究竟是得暴病而死，還是遭他人謀殺，仍難確定。

百花齊放說名士

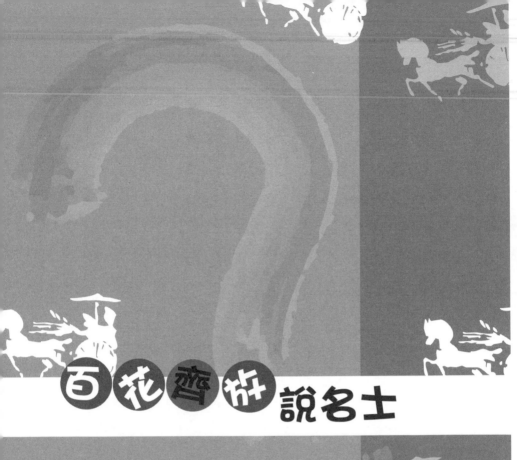

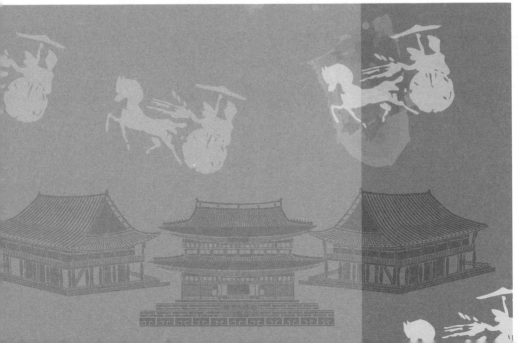

運籌帷幄的胸襟

「合縱連橫」之謎

合縱連橫，是戰國時期各國所採用的一種外交與政治策略。「合縱」是指一些弱小國家聯合起來，共同抵禦強敵的策略，如韓、魏合力抗擊秦、齊；而「連橫」則是指弱國依附於強國以自保。其時，有「縱成必霸，橫成必王」之說。

戰國時期，諸侯割據紛爭，強國要拓展領土，爭奪田土，弱國要在夾縫中爭取生存，各國之間都廣施外交手段，成為中國歷史上特別講究謀略戰術的一個時期。隨著秦國的興起，圍繞著各國與秦國的關係，形成了兩種很有代表性的外交主張，即「合縱」和「連橫」。

所謂「合縱」，就是「合眾弱以攻一強」，所謂「連橫」，就是「事一強以攻眾弱」。與這種政治鬥爭需要相適應，一批「縱橫家」應運而生了，他們為「合縱」或「連橫」而在各國之間奔走遊說、出謀劃策。或說聯弱抗強才能救亡，或說以弱事強方可圖存。為了說服各國的君主採納自己的觀點，他們往往引古稱今，互相辯論，甚而不惜花言巧語，互相欺詐。那麼，究竟「合縱」「連橫」到底是怎麼一回事呢？

具體而言，「合縱」「連橫」沒有一定的對象，往往各國根據具體的政治形勢來判斷自己的趨向。「合縱」是由韓、趙、魏等較弱小國家聯合起來，對抗齊、秦等強國，「連橫」是指弱國跟從秦、齊等強國攻打他國。各國把「合縱連橫」當作稱霸的重要手段，認為「外事，大可以稱王，小可以安」。「從（縱）成必霸，橫成必王」。因此，在實際政治鬥爭中，往往「合縱」、「連橫」並用，「合縱」勝利後就改用「連橫」，「連橫」受阻又變為「合縱」，變化多端。在這當中調停斡旋、翻雲覆雨的「縱橫家」能夠出謀劃策、穿針引線，「一怒而諸侯懼，安居而天下熄」。張儀和蘇秦便是這許多「縱橫家」中最著名的兩位。

先來看看張儀。張儀（？～前三一〇），魏國人，相傳他的老師鬼谷先生長於縱橫捭闔之術。張儀特別擅長連橫之術。前三二九年，張儀來到秦國，遊說於秦惠王，被任命為相。他幫助秦國與韓、魏聯合，使秦控制了黃河天險。前三二二年，張儀至魏國，遊說魏惠王「以秦、韓與魏之勢伐齊楚（荊）」，魏王採用了張儀的建議，但是卻不知道張儀的真正目的是在「欲令魏先事秦而諸侯效之」，從而形成秦、魏等國連橫的局面，為秦國張勢。然而，齊、楚、燕、趙、韓五國採用了「合縱」策略以對抗秦國。前三一九年，魏逐走了張儀，反傾向與韓、趙各國「合縱」抗秦。前三一八年，齊、楚、燕、趙、韓五國聯合伐秦，但實際出兵的僅有韓、趙、魏三國；結果又被秦軍打敗。為了遏制秦國，齊國又與楚國結盟，為了拆散齊、楚聯盟，秦國又派張儀到楚國遊說。張儀勸楚與齊「閉關絕約」，提出了割讓土地六百里為誘餌，張儀的巧舌如簧，說得楚懷王點頭連連，聽信了張儀的離間之計，無故辱罵齊王，並與齊國斷交，齊王十分憤怒，不惜折節與秦訂盟。當楚王轉過來去向張儀索取那六百里土地時，張儀卻拒不承認。楚王大怒，發兵攻秦，結果反而被齊秦聯軍打敗，死傷八萬餘人，楚國的丹陽、漢中之地盡被割占，從此楚國一蹶不振。張儀可以說為秦國的霸業立下了汗馬功勞。

再來看蘇秦。蘇秦（？～前二八四），洛陽人，他登上政治舞臺的時間一直被認為在張儀之前。不過根據考證，他活動的時候應該是在齊湣王（前三百～前廿八四）時，此時已距張儀辭世十多年。（根據近年在長沙馬王堆中出土的《戰國縱橫家書》等資料）蘇秦起家是借助於燕國的力量。三一四年，燕國發生了內亂，燕王噲要把王位讓給寵臣子之，遭到貴族們反對，引起了內訌。結果齊國趁機進兵燕國，子之雖然被殺掉了，但是燕王噲也因此身死，燕國遭受了很大的損失。為了洗雪恥辱，燕王廣募人才以對抗齊國。蘇秦正是在這個時候投到燕昭王門下，成為了燕王親信，奉命在齊國實施反間計。

蘇秦首先來到了齊國，並且設法取得了齊王的信任，前二九三年，蘇秦慫恿齊湣王攻打宋國，借此消耗齊國的國力。不久，蘇秦被任命為齊國的相國，他策劃了合縱的戰術，讓齊國聯合趙、楚、韓、魏等國「合縱」反秦，結果仍是無功而返。到前二八六年，齊國出兵滅掉了宋國，這一來就引起了秦、楚、趙等國的警惕，於是聯合起來，進攻齊國，還逼迫齊國割讓了九個城池。齊國在這些年裏國力消耗很大，也無暇顧及燕國，燕國因此得到了發展的時機，開始強大起來。終於，在前二八四年，燕國聯合秦、韓、趙、魏等國攻打齊國，以燕國的樂毅為將軍，長驅南下，奪取了齊國七十餘城，齊國幾乎滅亡，齊湣王也倉促逃走。不過蘇秦的反間計謀也敗露了，後來被車裂而死。比較起張儀的顯赫威榮，蘇秦的結果讓人感嘆不已。

「合縱連橫」是戰國時期著名的外交政策，充分體現了政治家們縱橫捭闔的謀略，不過，隨著此後秦國國力的逐漸增強，利用外交手段來謀求均勢政治的舉措漸漸失去了實際效果，「合縱連橫」也就慢慢退出了歷史的舞臺。

飄逸與放蕩

「魏晉風度」之謎

魏晉風度，亦稱魏晉風流。它作為門閥士族思想觀念在人格上的表現，已成為魏晉時期的審美標準。名士們超凡灑脫，崇尚自然，坦蕩率真而自成一派。據《世說新語》載：「王子猷居山陰逢夜雪，忽憶剡縣戴安道，即時登舟造訪，經宿方至，造門不前而返。人問其故，答曰：『吾本乘興而行，興盡而返，何必見戴？』」他們很注重「容止」和「雅量」，心中所想不在臉上顯露出來。《世說新語》載，顧雍和他的僚屬下圍棋，聽說他的兒子死了，他「以爪掐掌，血流沾褥」，而臉色依然鎮定如初。另外，他們用語講究精到，思想上追求脫俗，「托懷玄勝，遠詠莊老」，「以清談為經濟」，以酒為嗜好，不關心時世，以隱居山林為樂。

魏晉風度在歷代經常受到批評，究其原因，大略是這幫名士們喜歡嗜酒，忽略時世；二是放蕩坦率，不符合一般的情理；三是清談誤國。據說劉伶是「竹林七賢」之一，喝酒過度，甚至於屋中脫衣裸體，別人嗤笑他，他反駁道：「我以天地為房屋，以房屋為衣褲，你們幹嘛要鑽到我褲襠裏來呢？」他們煉丹服藥為求長生，喜歡穿寬鬆的衣服可是又多年不清洗，故而多虱，因而

「捫虱而談」，在當時人看來這個舉動是很優雅的。

然而，從歷史的角度而言，我們不難發現「魏晉風度」的思想意義和美學價值。「魏晉風度」注重獨特的人生體驗，發現與肯定了自我，它繼承與發展了東漢末以《古詩十九首》為標誌發展而來的價值觀念；而在追求姿容俊秀舉止優雅上，又和「文學的自覺」的美學潮流融為一體。藥、酒、姿容、玄談只是外在表象，後面蘊含著對自身價值的思考和對人生無常的悲嘆。魏晉風度的美字典型的表現是漂亮的形式（姿容飄逸）和內在的精神（智慧和憂傷）的結合。在哲學上，儒家哲學受到玄學的興起的威脅，魏晉玄學是東漢以來社會歷史和思想觀念發展的必然結果。東漢後期腐敗的政治，使儒生們不再迷戀於對煌煌大業的盲目崇拜中，懷疑正統的儒家思想。從黨錮之禍開始，到黃巾起義，到軍閥混戰，到三國鼎立，再到曹魏司馬氏爭權，戰爭不斷，在這整整一百多年的歷史中，人們飽經苦難，開始了對外界社會的否定，重新探索人生變幻無常的命運，執著珍惜短暫的生命，尋求人生的歡樂。

實際上，從東漢和帝時代開始，外戚和宦官爭權奪利，直到魏晉的名士被殺戮，社會上血雨腥風，而一次思想解放運動在觀念意識領域內則開始了。隨著道教的興起，佛教的傳入和發展，曹操的「尚通脫」，「不忠不孝也不要緊」，嵇康、阮籍的「越名教而任自然」，雖然儒家思想地位沒有從根本上動搖，卻改觀了社會思想觀念的面貌。從此時開始到唐五代，人們的思想不再局限於儒家思想，對於中國人的思想方式的一次解放和轉變，這一運動做出了不小的貢獻。而以魏晉風度為開端的儒道互補的士大夫精神，為中國知識分子的人格基礎的形成奠定了根本的基礎，有著深遠的影響。

當然，魏晉風度所及，在人格實踐上，也確實帶來弊病：許多人追求時尚，心情也並非嵇、阮似的憂國憂民，卻也模仿他們不可理喻的怪脾氣。正如魯迅所指：「東晉以後，作假的人就很多，在街旁睡倒，說是『散髮』，以示闊氣。就像清時的尊讀書，就有人以墨塗唇，表示他是剛才寫了很多字的樣子。故我想，衣大、穿屐、散髮等等，後來效之，不吃（藥）也學起來，與理論的提倡實在是無關的。」至於說到清談誤國，清談是在魏晉玄學盛行的特定條件下所產生的，是時代的產物。我們只能從歷史的角度來研究它、認識它，這樣才能得到正確的結論。

竹林七賢

竹林七賢是指魏末晉初的七位名士：阮籍、嵇康、山濤、劉伶、阮咸、向秀、王戎，他們常集於竹林之下，肆意酣暢，故世稱「竹林七賢」。竹林七賢的不合作態度為司馬氏朝廷所不容，最後分崩離析：嵇康被殺害，阮籍佯狂避世；王戎、山濤則投靠司馬朝廷，竹林七賢最後各散西東。

籠絡英才的至尊

忽必烈善用儒士之謎

劉秉忠（一二一六～一二七四），字仲晦，元邢州（今河北邢臺）人。少時為僧，後被忽必烈召入藩府。忽必烈即位後，其臨築開平，中者兩城。其學識淵博，曾為元條陳設中書省，定朝儀官制，極受元世祖信賴。後因操勞過度，卒於上都。

元世祖忽必烈不被蒙古一地所局限，與其子其孫三次西征，建立了歷史上罕見的龐大的元帝國，他的雄才大略，絕非一般的封建帝王可比。尤為難能可貴的是，他能在那個兵荒馬亂、天下分裂的時代，大膽任用漢族儒士，組成人才濟濟的智囊團。而智囊團則輔佐他實施大業，成為了中國歷史上的一代英主。

忽必烈與其他蒙古帝王不同，他自小就對漢族的文化和歷史懷著真誠的敬意，即位之前，他就四處網羅人才，延聘名士，待之以上賓之禮，敬之如師。他所求的賢才，均是中原地區的漢人儒士。這些人熟諳漢族文化，是忽必烈用漢人智慧來統治漢人的高參。

他的謀士姚樞被他求賢若渴、禮賢下士的態度所感動，初次相見，就為他寫出《治道書》數千言。先述二帝三王所以得天下之道，又列出修身、力學、尊賢、親親、畏天、愛民、好善、遠佞等八條細目，教忽必烈如何做一個優秀的帝王。然後又為他列出三十條方案，細說其中的弛張之道。簡直是一套有綱有目的帝王綱領。忽必烈大為讚賞，視姚樞為奇才，動必召問。

他最信任的負責中書省事務的劉秉忠，曾隱居雲中南唐寺為僧，法名子聰，因其博學多才，又懂得天文律曆及各種奇門異術，被忽必烈重用。劉秉忠跟隨忽必烈三十多年，參與軍機大事，制定大政方針，對忽必烈登上帝位，統一中國立下了汗馬功勞。據說劉秉忠常在大帳裏為忽必烈日夜講解中國歷史與儒家學說，上書言事，出謀劃策，二人情同手足。他還用儒家的陰陽文化為忽必烈相地築城，修建了開平城。後來又替忽必烈修建燕京，即中都，也就是後來的元大都，成為元、明、清三代的首都所在地。忽必烈稱帝後，他又為忽必烈全盤考慮並制定了開國的整套制度，如頒章服，舉朝儀，給俸祿，定官制等，甚至忽必烈定國號為「大元」，也是劉秉忠從儒家經典《周易》中的「大哉乾元」中取來的。劉秉忠生前擔任太保，死後被追贈為太傅，這都是元代國家最高官職，位列三公。足見忽必烈對他的敬重。

他極為信任的京兆宣撫使廉希憲，從年少時就跟隨他南征北戰。廉希憲篤好經史，手不釋卷，他尤其喜讀《孟子》，被忽必烈稱為廉孟子。京兆即關中地區，當時是忽必烈的封地。又是控制隴西與巴蜀的戰略要地，而蒙古其他親王的封地分佈在京兆四周，百姓也是多民族共處，所以是最難治理之地，廉希憲不負所望，上任伊始就訪貧問苦，裁抑豪強，打擊奸民，改革弊政，不久就把京北一帶治理得井井有條，民安物阜，使忽必烈無後顧之憂，全力向外發展。

蒙哥在位期間，任命忽必烈全權負責南宋方面的軍政事務。為了在漢族地區擴大影響，積聚自己的政治勢力，為未來統治中國做準備，他採納了謀士張德輝的建議，做了一件令蒙古人大惑不解的事：親自主持了祭孔典禮。本來忽必烈不懂祭孔有什麼意義，但是張德輝告訴他：「孔子是萬世帝王之師，統治了天下的帝王，都要祭祀孔子，把孔廟修得極其莊嚴輝煌，並且按時進行祭祀。帝王尊宗孔子與否，對聖人本身無所損益，但可看出帝王的政治水準是高是低。」忽必烈一聽，茅塞頓開，立即宣布：「從今以後，祭孔之禮不得廢弛。」忽必烈在未稱帝之前就祭孔，一方面表示了他的帝王之志，另一方面也反映出他要安撫廣大漢族知識分子的良苦用心。之後，在智囊團的策劃下，他韜光晦略，迷惑蒙哥王；在中原地區實行屯田制，暗中壯大自己的實力，在蒙哥對他產生疑心後，他聽從姚樞等人的計謀，把家眷送到蒙哥那裏作為人質，並親自晉見蒙哥，騙取了蒙哥的信任。這步步高招，都是他的智囊團提供的。

蒙哥在西路軍前線突然陣亡後，朝中無君，留守和林的阿里不哥陰謀即位。而這時忽必烈正率領東路軍大舉向南宋進攻。在此危急關頭，忽必烈的謀士郝經提出了著名的《班師議》，建議忽必烈馬上與南宋議和，班師回朝，防止阿里不哥搶先佔據帝位。忽必烈恍然大悟，於是部署軍隊，揮師北上，按照謀士們的指點，拋開蒙古人推立新王必須召開宗王大會慣例，自行舉行登基大禮，向天下宣布自己已經成為蒙古大汗，即中國正史中稱之的元世祖。

忽必烈在位長達三十一年，享年八十歲，是一個頗有作為的帝王。他的成功，很大程度上取決於他的任賢用能，這是他引為自豪的，也是後世人值得借鑒的。

「儒士」的悲哀

「焚書坑儒」真偽之謎

秦始皇三十四年（前二一三），博士淳于越因反對郡縣制，被李斯斥為誹謗朝廷，並建議禁止儒生以古非今。秦始皇採納了李斯的意見，下令焚毀《秦記》以外的列國史記。次年，盧生、侯生等因攻擊秦始皇，而與四百六十餘名方士、儒生坑死在咸陽。此即為史稱的「焚書坑儒」。

「焚書坑儒」這個駭人聽聞的說法指的是秦始皇大規模燒毀書籍、活埋知識分子的事件。關於焚書坑儒事件，自古以來說法不同，直到今天，仍然存在一些分歧。

焚書可以說是中國文化史上一次大劫。司馬遷在《史記・秦始皇本紀》裏是這樣記述的：秦始皇三十四年（西元前二一三年），皇帝在咸陽宮內大宴群臣，氣氛十分熱烈，大家乘機說些好話，誇耀皇帝的威德。然而博士淳于越卻發了這樣一通議論：「臣知殷商諸國歷久千年，其原因在於分封諸王，並有大臣加以輔佐。而現在皇帝握有一統天下，卻不封子弟為王，若是出現齊國田常那種野心家，您的江山就很危險，因此，應當仿效古人，實行分封，否則難以傳之永久。」

丞相李斯聽了這番話，立即起而駁斥：古代五帝三皇為政，既不重複也不因襲，卻將天下治理得不錯。當然，這並不是他們故意另搞一套，而是因為時代發生了變化。淳于越扯談古之三代舊事，這是別有用心，怎能妄言效法他們？今天的儒生非今學古，惑亂百姓，萬萬不可。古代天下散亂，不能統一，就是因為人們抱著私學而稱古非今，現在皇帝掌握了天下，居然還有人以其私學攻擊政事，聞有令下，他們就隨便議論，入則心非，出則巷議，有的自我標榜，有的互相吹捧，還有的甚至率領眾人誹謗朝廷。這種狀況如不禁止，皇上的威望就會降低，而他們就會結成朋黨危害天下。因此要嚴厲整治私學，臣下建議：凡不是秦國記錄的史料應該全都燒掉；如果不是博士官職所需，不准私藏《詩》、《書》和諸子百家的著作，必須交給地方官吏焚毀；有敢在私下對《詩》、《書》加以議論的，要拉到街市上砍頭示眾；凡以古非今者，要滅其全族；有官吏知情不報者，一律以同罪論處；焚書令下三十日不執行的，要施以黥刑（臉上刺字），然後罰做四年勞役。不過，也非所有書籍都燒，比如有關醫藥、占卜和植樹等方面的書，則應好好保留下來，留給後世使用。秦始皇邊聽邊琢磨李斯的發言，認為他講得很有道理，決定採納這一建議，不久，全國各地焚書火起，無數百家著作化為灰燼。

西漢政論家賈誼認為焚書一事的目的是「焚百家之言以愚黔首」。秦始皇想把文化知識收歸寡人所有，實行嚴格的輿論管制，進而統一思想認識。他認為，只有秦國的歷史光榮正確，列國史記沒有保留的資格，當然要焚而毀之。還有人認為，秦始皇之所以「焚書」，跟秦始皇語言文字靈物的崇拜有關。秦始皇很迷信，他認為，語言文字有著決定人們命運的神秘力量，用祝詞可以使人興旺，施咒語能夠讓人遭殃，秦始皇擔心文字如果被人濫用，將會導致他的威望降低，所以要把它們統統燒掉。

就在「焚書」的第二年，秦始皇將四百六十名儒生活埋，從而引發了軒然大波。根據《史記》的記載，儒生侯生、盧生議論秦始皇的殘暴統治，說他「剛戾自用」，「專任獄吏」，「樂以刑殺為威」，認為始皇既然「貪於權勢至如此，未可為求仙藥」，秦始皇聞之大怒，認為他們妖言惑眾，誹謗朝廷。於是立即下令，讓御史審問儒生和方士，並採用引蛇出洞的辦法誘使他們互相告發，共牽連了四百六十多人，秦始皇命令全部將其在咸陽活埋。

有的學者指出，「焚書」是真，但「坑儒」卻是「坑方士」的誤傳。當時秦始皇主要針對方術之士大開殺戒，儒生被坑殺者雖有，但為數不多。從歷史上看，儒家在秦朝的地位，比以往大有提高，秦始皇的「坑方士」行動，對秦代儒生的社會政治地位，並未造成大的影響。因此，當時以至漢初的儒家學者，對這一事件不甚介意，極少有言及者，直至西漢中期才為人們注意，稱之為「坑殺術士」。

不過，有人堅持秦始皇不僅「坑儒」，而且還坑了兩次，這一說法也是有根據的。《漢書・儒林傳》顏師古注引東漢衛宏《詔定古文尚書序》說：「秦既焚書，患苦天下不從所改更法，而諸生到者拜為郎，前後七百人，乃密令冬種瓜於驪山坑谷中溫處，瓜實成，詔博士諸生說之，人人不同，乃命就視之。為狀機，諸生賢儒皆至焉，方相難不決，因發機，從上填之以土，皆壓，終乃無聲。」這一次坑儒，規模較第一次更大，手段也更為殘忍毒辣，而且為掩天下人耳目，做得十分機密，使真相被隱瞞了二百五十多年之久，直到漢光武帝時代，才被衛宏揭露出來。此說留下了確切的文字資料，但人們不禁要問，第二次坑儒發生在哪一年？距秦王朝二百多年的衛宏，是從哪裡掌握這一史料的？這一說究竟是古人道聽塗說，還是有意編造的，就不得而知了。

重於泰山的名節
嵇康才情之謎

嵇康（二二四～二六三），字叔夜，譙郡（今安徽宿縣）人，三國時期魏文學家、思想家、音樂家。官居中散大夫，著有《嵇中散集》，為「竹林七賢」之一。其崇尚老莊，厭惡儒家的煩瑣禮教，詩作清峻，善彈鼓琴。因不滿當時掌握政權的司馬氏集團，遭構陷，於二六三年被司馬昭殺。

嵇康在三國時候的曹魏政權裏做過中散大夫，故世人也稱之為嵇中散。他出生於魏文帝（曹丕）黃初四年，以才華和風度名重一時，是魏晉「竹林七賢」之一。嵇康在當世負有眾望，又貴為曹魏王室的女婿，在司馬氏代魏的時候，不被當權者借重，反而遭到了殺身之禍，後人惋惜感嘆之餘，對嵇康的死因多有猜測和考證。

學者周振甫先生認為，嵇康是受到了好友呂安的牽連。呂安有個哥哥叫呂庶，他依附當權者司馬昭的親信，當時也頗有勢力。根據干寶《晉書》記載，呂庶對於呂安的妻子懷有非分之想，後來事情敗露，呂安上訴，反而被呂庶倒打一耙，定了譭謗的罪名，被迫遷徙邊境。呂安無可奈何，在遷徙邊境的路途中寫信給嵇康，因為信內有「李叟入秦，及關而嘆」的字句，觸怒了司馬氏，結果呂安和嵇康一起被投入監獄，遭到司馬氏殺害。周先生進一步考證，呂安這封書信後來流傳下來了，就是《昭明文選》中趙景真的《與嵇茂齊書》。但是關於這封信，有人認為不能確定。因為《魏氏春秋》、《文士傳》這些史料中都沒有記載呂安徙邊及寫信給嵇康的事，而且《與嵇茂齊書》也很難說就是呂安寫給嵇康的書信。

另外一種說法認為，置嵇康於死地的是鍾會。據《魏氏春秋》記載，鍾會在當時也很有才名，受到司馬氏重視。他聽說了嵇康的大名，就去拜訪他，但嵇康對他不理不睬。等到鍾會自知沒趣要準備走時，嵇康輕蔑地對鍾會說：「何所聞而來？何所見而去？」鍾會忍住羞怒，回答說：「有所聞而來。有所見而去。」鍾會的身邊一向是「賓從如雲」，當然受不了這樣的冷淡，因此一直耿耿於懷。後來，呂安事發，牽連到嵇康，鍾會因而向司馬昭進讒，置嵇康於死地。司馬氏還在猶豫，鍾會就勸他說，「今皇道開明，四周風靡，邊鄙無詭隨之民，街巷無異口之議。而康上不臣天子，下不事王侯，輕時傲世，不為物用，無益於今，有敗於俗。昔太公誅華士，孔子戮少正卯，以其負才亂群惑眾也，今不誅康，無以清潔王道。」（劉孝標《世說新語》，《文士傳》）聽了這話，司馬昭就將嵇康殺掉了。這一點在當時就有人指出了，比如孫綽，在《道賢論》中他說「中散禍作於鍾會」。

也有不少人認為「死於鍾會」一說很勉強，而把嵇康的死歸結於嵇康拒絕與司馬氏合作。嵇康身為曹魏王室的女婿，在感情上要偏向曹魏，而司馬氏對曹魏一黨的大肆屠戮，激起了他的對抗情緒，因此，他做了《太師箴》一文，抨擊司馬氏「宰割天下，以奉其私」的卑劣用心。當時毌文儉、文欽起兵討伐司馬氏，嵇康打算回應，後來沒有如願。毌文儉、文欽事敗後，嵇康做了《管蔡論》。他表面上是替周朝時候的管叔、蔡叔辯護，說他們的作亂是因為「思在王室」，考驗周公輔成王是否心誠，實際上是借贊成作亂來反對司馬氏的篡魏。因此引來了司馬氏的忌恨，《魏晉春秋》中記載，嵇康的朋友山濤當時薦舉嵇康做選曹郎，嵇康斷然拒絕，還寫了《與山巨源絕交書》，表明自己不願意做官，並說自己常常「非湯武而薄周孔」，流露出對司馬氏篡魏的不滿，從而招致了殺身之禍。魯迅先生就說：「最引起許多人注意，而且於生命有危險的，是《與山巨源絕交書》中的『非湯武而薄周孔』。」（魯迅：《魏晉風度及文章與藥及酒之關係》）根據這種記載，許多人把《與山巨源絕交書》作為了嵇康殺身的主因。不過人們還有疑問，如果真是這樣，司馬氏為什麼不在嵇康的文章寫出來之後就殺掉他，而是又拖延了好一段時間，這豈不是放著眼中釘、肉中刺不除嗎？所以，這一種說法也有不能完全信服之處。

以上三說並存，各有理由，嵇康的被殺之由仍難定論。看來，歲月的風塵雖然早已磨滅了魏晉時代的風流人物，卻磨滅不了人們對魏晉風度和竹林人物的仰慕之情。

附庸風雅的盛行

養士之謎

養士，是我國戰國時期的一種奇特現象。一些諸侯為了粉飾自己有禮賢下士的品德，也為了網羅才俊為己出力，紛紛將有志之士招於門下，這便是養士的含義。如秦國丞相呂不韋，就曾「養士三千」，著述了鴻篇偉作《呂氏春秋》。

戰國時期，是一個養士成風的時代，其中戰國四公子，即齊國的孟嘗君田文，魏國的信陵君魏無忌，趙國的平原君趙勝和楚國的春申君黃歇，身為宗室之胄，禮賢下士，畜養門客數千人，形成了讓後代仰慕不已的優士風度。

何謂「養士」？所謂「士」，是古代對男子，特別是未婚男子的尊稱，也常常被人們拿來指那些具有一定身分地位，擔當一定職務的特定階層。這個階層在不同的時期有不一樣的內涵。

在西周時，「士」是統治階級的下層，屬奴隸主小貴族，位居諸侯、卿大夫以下，效忠於所屬的大夫，他們能佔有不多的土地和奴隸，作為「國人」的主體，他們有政治地位，打起仗來又是軍隊的主力，被稱為「武士」或「甲士」。他們往往富有政治經驗，是大夫或諸侯的家臣或謀士，地位也很尊貴。春秋以來，隨著奴隸社會的階級關係發生了變動，「士」中加入了新分子，往往是那些憑藉雄厚的經濟實力或軍功得到爵位和官職的庶人工商者，而原來的那些「士」卻因破產或政治上的原因淪為平民或奴隸。

進入戰國之後，私學大盛，教育的範圍也擴大了很多，有些士人有較高的知識和才能，專門從文。有的就成為了諸子百家中的代表人物。不少士由於喪失了原有的特權和地位，為了生活和政見往往就拋棄了傳統的「不臣二主」的信條，或成為「士為知己者死」的遊俠、刺客，或成為「邦無定交，士無定主」的辯士，或成為一國甚至某一集團的決策人物，如縱橫家中的蘇秦、張儀等等。總之，進入戰國後，「士」的概念不再是以前那種統治階級中的特定階層，而是三教九流，各色人等，其組成已發生了巨大的變化，

這個時期，戰國各國的諸侯為了廣收天下之智，養士之風很興盛，各國貴族中門下食客眾多的不在少數，他們這樣做的目的是什麼呢？

有人說，對於養士的諸侯們來說，「養士」既可得到「禮賢下士」的美名，又可得到眾門客的效忠，門客當官後往往是主人的同盟者，在政治上可互為聲援，是有利可圖的美事，對士人來說，以自己的知識和才能效忠於人，既可以保障生活來源，又可以通過主人的提攜，來實現自己的政治抱負，不失為踏入仕途的捷徑。於是養士之風盛行一時。

上文提到的戰國四公子田文、魏無忌，趙勝和黃歇，在當時以門下多客而聞名，他們對士人極盡籠絡，每人均擁有食客三千人左右，聲勢浩大，可說是風雲一時。「士」效忠於主人就像臣

子效忠於國君一樣，竭忠盡智，死而後已。其中才能出眾者堪稱主人的智囊和參謀，為主人出謀劃策，排危解難，著名的「竊符救趙」、「毛遂自薦」等等事例，說的都是這些事情。在這些門客的幫助下，四公子的勢力越來越大，名聲顯赫，幾乎要超過本國的國君了。

四公子之後，養士食客之風仍很盛行。當時秦國的丞相呂不韋也是如此，門下食客亦有三千餘人。為標榜風雅，呂不韋「使其客人人著所聞，集論以為八覽，六論十二紀，二十餘萬言，以為備天地萬物古今之事」，寫出了一部著名的著作《呂氏春秋》。

還有人分析，戰國時代養士之風並非偶然的現象，而是戰國時期現實的政治、經濟和軍事發展的需要使然。當時各國割據紛爭，各國君主都希望變法圖強來增強自己，既是保身，也可以爭霸，因此有才能的士人，特別是有政治、軍事才能的士人就成為國君特別需要和重視的人才。為了吸引這些人才，各國貴族幾乎都無一例外地「禮賢下士」，其心之誠、其意之切，是後代王朝的皇帝們難以企及的。因為七國並立，士人的選擇餘地也很大，這也促成了各國君主不敢怠慢，「禮賢下士」的政策也是合乎邏輯的了。事實上，從戰國初年魏國的李悝變法、楚國的吳起變法，到後來的商鞅變法、燕昭王築黃金台招得樂毅等等，無一不是這一政策的體現。由於有了君主們來帶頭尊重人才，其他貴族也都仿而效之，戰國時代的養士之風就這樣形成了。

倨傲與超俗

名士發「嘯」之謎

談起中國古代文人的嗜好，人們都知道有琴棋書畫四樣，認為這就是古代士人的標誌之一。其實除此之外，「嘯」也是中國古代文人的愛好之一。「嘯」者，「吹聲也」。（《說文》）也就是今天講的吹口哨。「嘯」在古代受到文人名士的青睞，尤其在魏晉時代，「嘯」的風氣很盛行，成為名士的一種雅好。

阮籍是魏晉時期「竹林七賢」中的名士。關於阮籍喜歡「嘯」，不僅有磚畫像，而且在史料中有多處記載，如《晉書・阮籍傳》中就記有他在蘇門遇見孫登的事蹟。他「與商略終古及棲神導氣術，登皆不應，籍因長嘯而退。至半嶺，聞有聲若鸞鳳之音，響乎岩谷，乃登之嘯也」。可見，孫登「嘯」的水準比阮籍還厲害，所以有人稱他為「長嘯大師」。

古代文人名士的「嘯」，是非常講究的。西晉人寫有一篇《嘯賦》（《文選》卷十八），細緻地記述了「嘯」的方法和「嘯」的音調。「嘯」的發聲是「近取諸身，役心禦氣。動唇有曲，發口成音。觸類感物，因歌隨吟……音韻不恆，曲無定制。行而不流，止而不滯。隨口吻而發揚，假芳氣而遠逝」。當然「嘯」也並不是隨心所欲，它有一定旋律，有一定的抑揚頓挫的節奏：「協黃宮於清角，雜商羽於流徵。飄游雲於泰清，集長風乎萬里……時幽散而將絕，中矯厲而慷慨。徐婉約而優遊，紛繁鶩而激揚。」「嘯」的效果可以和竽笙、琴瑟相比，「清激切於竽笙，優潤和於琴瑟」。還可以「玄妙足以通神悟靈，精微足以窮幽測深……散滯積而播揚，蕩埃藹之溷濁。變陰陽之至和，移淫風之穢俗」。看來，嘯的魅力可是夠大的！

後人感興趣的是，古代文人名士為什麼喜歡「嘯」呢？「嘯」又有什麼作用呢？有人說是以「嘯」抒情。「嘯」早在《詩經》中就有記載。如《召南·江有汜》中就有「之子歸，不我過，其嘯也歌」；《小雅·白華》中有「嘯歌傷懷，念彼碩人」；喜歡「嘯」的當時多為女性，大概是因為這些女性心懷憂怨，用「嘯」來抒發不平之氣吧。持這種看法的，還特別提到《古今注·音樂篇》中說到的商陵牧子，他婚後五年還沒有孩子，打算再娶，他的妻子非常不高興，半夜起來，倚戶而悲「嘯」的事。

有的人則認為嘯是施巫術時召鬼之用。《楚辭·招魂》曰：「招具該備，永嘯呼些。」王逸做注的時候說，用「嘯」來召喚亡者之魂魄。葛洪的《神仙傳》還記載了用「嘯」召鬼的事。據說西漢有個叫劉根學的人，他學道得術，郡太守命他當場召鬼。如果召不來鬼，就要處罰他。於是劉根學當著眾人的面長嘯，「聞者莫不肅然，眾客寒悚」。結果牆壁裂開了，裂縫中有許多護兵推出一輛車來，車上坐著被粗索子捆縛著的郡太守已亡故的父母親，這時郡太守啞口無言。

也有的人認為，「嘯」是用來表示文人名士的倨傲風度。東漢以後，文人名士紛紛開始有

「嘯」的癖好。據說王徽之年輕的時候，聽說吳中有一個人家裏有很漂亮的竹子，他很想去看，於是「便出坐輿，造竹下諷嘯」。《世說新語》擅長記載當時士大夫的狂態風情，其中《任誕篇》、《雅量篇》、《文學篇》、《言語篇》中常常可以看到文人雅士們「吟嘯」、「諷嘯」、「長嘯」。大概是因為「魏晉之際，天下多故」，所以吟嘯之風廣泛流傳，慢慢地就成了體現文人名士風度的一個重要部分。在這個時期的「嘯」只是一種形式，「嘯」傲狂放才是其內在的靈魂。陶淵明夠淡泊了，他的《飲酒詩》還要說「嘯傲東軒下，聊復得此生」。《歸去來辭》也有「登東皋以舒嘯，臨清流而賦詩」的句子，雖表不言傲，實則一副文人名士傲世之態盡在其中。

第四種認為「嘯」是一種沒有歌詞的歌曲，嵇康、阮籍、呂安、向秀，還有孫登等人唱「無詞的歌」，也叫長嘯，堪稱「中國垮掉的一代詩人」。嘯是沒有歌詞的，但是，是否「嘯」就是唱「無詞之歌」，也有人不同意。「因為吹口哨與唱歌雖互相接近，卻畢竟是兩回事」；……「嘯」之發聲的特點不是唱，而是吹。正像《嘯旨》中說的：「夫氣激於喉中而濁，謂之言；激於舌而清，謂之嘯。」

在今天，如果當眾發「嘯」，肯定被視為怪異、不雅的行為，但是古代的文人名士卻很喜歡這種習俗，不僅在典籍史料中記載多多，而且還「嘯」出了許多不同的名目，在許多名人的詩歌中亦有讚歎這種習俗的。如王維就有「獨坐幽篁裏，彈琴復長嘯」（見《竹里館》）的詩句，李白也有「天門一長嘯，萬里清風來」（見《遊太山》）的詩句。可見嘯在古代文人名士中是一種頗感「時髦」的習俗。

女人我最強

利令智昏的笑柄 真假皇后之謎

唐德宗（七四二～八〇五）李適，代宗之子，七七九年即位。曾為兵馬元帥，立有戰功。在位期間稅課苛嚴，百姓難以堪受，國運不昌。其時藩鎮勢力日強，其採用裁抑之策，不果。建中四年（七八三）涇原兵變，長安被占，其無奈之中逃向奉天避之。在位晚期，執政無力，任用宦官，朝政混亂。

曾經熱播的《珍珠傳奇》這部電視劇吸引了不知多少觀眾。那曲折離奇的情節中，夾雜著險象環生的場景與纏綿動人的感情，終於使這部電視劇達到了非常高的收視率。看電視之餘，人們不由地想問一問，電視劇中牽動人心的主人公珍珠皇后，歷史上是否真有其人呢？

據《舊唐書・后妃傳》中記載，唐代宗李豫（七二六～七七九）的確有一個姓沈的皇后，但她的名字是不是叫珍珠，人們就不得而知了。沈氏是浙江吳興人（今浙江湖州），她生於「世為冠族」之家，門庭顯赫。她的父親沈易直，在朝廷秘書監任職。

在唐玄宗開元末期，沈氏以「良家女子」的身分入選東宮，被李隆基賜予了他的皇孫、當時的廣平王李豫為妃。天寶元年，沈氏為李豫生下皇子李適，也就是後來的唐德宗。

由於遭逢安史之亂，沈氏的命運後來蹉跎坎坷。天寶十五年，安史叛軍佔領長安的時候，沈妃和其他許多貴族宗室婦女一起落到叛軍手裏，後來又被拘往東都洛陽偽掖庭。直到一年以後，大將郭子儀克復兩京，才在洛陽城裏救出了沈妃。但由於李豫的精力都放在準備大規模的軍事反攻上面，沒有立即把她送回長安安置。不想禍不單行，不過兩年左右的時間，史思明叛軍又攻入了洛陽，沈妃從此失蹤。後來「代宗遣使求訪」，結果卻是「十餘年寂無所聞」。

後來沈妃的兒子李適即位，是為德宗。由於思念母親的緣故，登基不久的建中元年（西元七八〇年），李適就具冊「遙尊聖母沈氏為皇太后」，諡「睿真皇后」。沈氏的皇后稱號，就是從此而來。唐德宗還下詔說，今「內朝虛位，缺問安之禮，銜悲內惻，憂戀終歲，思欲歷舟車之；路以聽求音問，而主茲重器莫非深哀」。李適「再拜奉冊，欷歔感咽，左右皆泣」，可見母子感情很深。在冊封已經失蹤的母親的同時，李適還大力封贈母家外戚，以表示對母親的懷念，沈妃父兄子侄一日受封者竟達一百二十餘人。

歷史上的沈妃，就是電視劇中皇后的原型。當然，電視劇是藝術作品，不是歷史的真實寫照。《珍珠傳奇》中可以講沈妃與叛軍之將馮立談情說愛，卿卿我我的故事。他們甚至陷入情網、不能自拔。電視裏的沈妃還頗有運籌帷幄的政治家才能，斡旋於兩大對立勢力之間，這與歷史相去就更遠了。但是《珍珠傳奇》這部電視劇的確是有一定的歷史依據的，也不是完全都是憑空杜撰的。由於藝術性的需要，電視劇中自然會有大量虛構的故事情節，這樣才能緊緊抓住觀眾的心。

另外，根據歷史的記載，沈氏的兒子唐德宗李適的確可以稱得上是一位孝子。他即位以後，非常思念自己的母親，還派出人去尋訪自己母親的下落。沈妃曾經有一個宮女，是高力士的女兒。她對宮裏的事情知道得很多，年齡也和沈妃很接近。由於沈妃當年餵德宗吃飯的時候，削水果曾經弄傷了左手的指頭，而這位高姓宮女恰好也曾經因為切瓜弄傷了左手的指頭。當時的宮裏，已經沒有能分辨出沈氏相貌的人。在利欲驅使下，這位高姓宮女就假扮沈妃，被迎接到上陽宮。當時唐德宗大喜過望，群臣紛紛上表慶賀。可是別人雖然不知道，但是這位高姓宮女的兄弟卻知道她並不是真的皇太后。他們害怕如果這件事情將來洩露了，自然會給他們帶來禍患，所以就向李適秉明了實情。沒有想到德宗竟然並不怪罪這件事，反而說，就讓高姓宮女暫且代替他的母親。他因為思母心切，表示寧可再受一百次欺騙，也希望能見到自己親生母親的出現。母子情深，由此可見。

在唐德宗這樣的心態下，後來又出現了很多起假冒太后的事件。但是直到德宗去世，也終於沒有打聽到沈妃的下落。而那些假冒太后的利令智昏，與李適的母子情深相比，不由人們扼腕嘆息。

功過交織的妒婦
呂后嗜殺之謎

呂后（?～前一八〇），名雉，字娥姁，秦末單父（今山東單縣）人，漢高祖劉邦的正妻。劉邦稱帝後，被封皇后。其性剛毅，有心計，善權謀，性殘忍，說服劉邦除去了開國元勳數位。惠帝即位後，尊為太后，獨攬大權，殘害劉氏諸侯王，大封呂姓為侯。卒後，呂氏盡被誅。

談到中國歷史上的女皇帝，人們都會想到武則天，其實早在西漢的時候，漢高祖劉邦的妻子呂后就成為了高祖之後第一個實際的女性統治者。史書上記載了她實際統治西漢十六年，其間「殺功臣」、「殺戚姬」，似乎是一位手段狠辣、善妒無情的人。那麼，究竟呂后是一位什麼樣的人呢？我們一起去探索一下歷史的真實吧。

呂后，名雉，字娥姁，今山東單縣人。呂雉的父親欣賞劉邦風度儀態逾於常人，就把女兒許配給了他。當時劉邦還是一介平民，二人可謂是貧賤夫妻。後來，呂雉生下劉盈與魯元公主，在家種田。常去芒、碭探視逃隱的劉邦。楚漢戰爭之初，劉邦父母及呂雉被項羽俘獲，當了兩年多的人質。後來劉邦稱帝，她被立為皇后，劉盈為皇太子，後來成為漢惠帝。

呂后的政治生涯是在劉邦去世之後開始的。這在司馬遷《史記》中記載得很詳細。

有人認為，呂后的第一大過是「殺功臣」。呂后為什麼要誅殺韓信呢？劉邦做了皇帝後，常常還要奔馳疆場，忙於平定叛亂。軍國大事常常由呂后和蕭何決議。漢高祖十一年（前一九七）正月，外界紛紛傳說，韓信被貶為淮陰侯後，心有反志，與家臣密謀要策動政變，準備襲擊呂后和太子，呂后設計在長樂宮把韓信逮捕，立即處決。雖然韓信是否真要叛變史難詳證，但是呂后的行為無疑是在挽救漢朝之安危，所以劉邦聽說後並沒有責怪呂后，群臣也沒有太大的嘩動。

那麼梁王彭越為什麼被殺呢？他被人告發密謀叛離漢朝，劉邦念他有功，免了死罪，廢為庶人，發配四川。途中在陝西華縣遇到了從長安到洛陽去的呂后，於是向呂后求情，想回到老家山東巨野去。呂后假意答應，把他一起帶回了洛陽，呂后對劉邦建議殺掉彭越，因為「彭越是壯士，徙他去蜀，是自遺禍患，不如誅了」，於是誅了彭越。從用心來說，是要為漢朝天下除去隱患，所以太史公評說：「呂后為人剛毅，佐高祖定天下，所誅大臣多呂后力。」

呂后還做過一件備受後人指責的事，就是非常殘酷地殺害了劉邦的寵姬戚夫人。呂后年老色衰，戚夫人則備受劉邦寵愛，其子趙王如意常隨劉邦在關東，戚夫人屢次要劉邦廢掉劉盈，立如意為太子。劉邦頗有動搖，常存更廢太子之意。不過輕易太子，被看作是搖動國本的大事。「所以大臣多為劉盈諫爭」，劉邦當面允准，事後仍想另立如意。呂后與劉盈的地位受到了嚴重威脅，常惴惴不安，由此與戚姬結下了怨仇。劉邦死後，劉盈即位為惠帝。呂后為太后，洩憤報復戚夫人母子，毒殺如意，砍斷戚夫人手足，挖眼，灼耳；給她飲啞藥，丟居廁中，稱為「人彘」，連惠帝都看不過去，實在是殘忍陰毒到了極點。

不過呂后一生的功過還不應當在戚夫人一件事情上決斷。囚殺戚姬雖是壞事，畢竟只是宮闈妒殺，並沒有影響漢朝安危，更不及國計民生。清朝著名史學家，著有《廿二史札記》的趙翼認為嫉妒是婦人的常情，只是戚夫人母子是呂后最嫉妒的人，所以才拿他們下手。

從客觀來看，呂后的一生對漢朝和中國歷史有更值得重視的貢獻。劉邦死後，政權實際掌握在呂后手中，即位的惠帝多病不聽政，惠帝死後，先後由惠帝後宮二子為帝，都很年幼，呂后以女主稱制，直到去世，「號令一出太后」。她統治十六年間，相繼重用蕭何、曹參、王陵、陳平、周勃等開國功臣，「無一非高帝注意安劉之人」，維護和延續了漢朝的統治。所以《史記》把她列入《本紀》以記其事。

呂后所做的第二件大事，是進一步推行「無為而治」的黃老之術。呂后委政蕭何、曹參，以無為為治，從民之欲，從不擾亂。當時頒佈的法令中規定，（一）作優裕法，規定中上層功臣和官吏犯法的全受寬容不入獄。（二）實行減刑，如將判服舂米四年勞役刑的婦女犯減為供給宗廟三年柴薪等。（三）頒贖罪法，凡判死刑的可買爵贖免。（四）免去妨害吏民的法令，廢除挾書律。從此，吏民可以自由抄看《詩》、《書》、《禮》、《易》、《樂》、《春秋》等歷史文化典籍。秦末以來長期珍藏的古書開始現於人世，為漢初文化復興之肇始。（五）廢除三族罪、妖言令。從此，即使犯重罪也不株連父族、母族、妻族，也不再以言論治罪。漢法已修改得相當寬容，相當開明，已具有現代民主法律的一些特徵了。（六）弛商賈之律，也就是實行工商自由的經濟政策。所以司馬遷稱讚說：「孝惠皇帝、高后之時，黎民得離戰國之苦，君臣俱欲休息乎無為，故惠帝垂拱，高后女主稱制，政不出房戶。」無為而治和法制改革的結果，促進了社會經濟的發展。呂后掌控政權的十六年中，「天下晏然。刑罰罕用，罪人是希。民務稼穡，衣食滋殖」。從而全面地為文景之治奠定了堅實的基礎。

呂后在生前曾遍封呂家的子侄為王，當時就有人看出她這樣做是因為秉政以來缺乏安全感的緣故，因為自己沒有子孫，怕高祖諸姬子據權勢侵凌呂氏，才要加強呂氏家族的權勢。然而，最後的結果卻是在呂后死去之後，呂家的諸王幾乎都被朝中的大臣剪滅掉了。

叱吒風雲　女主排行榜

中國歷史上有三大女性統治者，分別是呂后，武則天，慈禧太后，呂后可謂是開女性執政的第一人。三人對於國家運勢的發展皆有重大影響，功過亦各有論斷。

被兒子生殉的祭品

大福晉死亡之謎

大福晉（?～一六二六），納喇氏，烏喇貝勒滿泰之女，為努爾哈赤大妃。生三子：阿濟格、多爾袞、多鐸。努爾哈赤卒後，同殉。多爾袞攝政時，曾諡孝烈恭敏獻哲仁和贊天儷聖武皇后，入太廟。多爾袞獲罪後，被出廟，罷諡號。

生活在古代皇室的女人，並不像人們所想像的那樣無憂無慮，溫馨如意。伴君如伴虎，榮辱沉浮瞬息變幻，不知何時就會禍起蕭牆。在努爾哈赤死去十八個小時之後，他最寵愛的大福晉阿巴亥被四大貝勒逼迫生殉，理由是努爾哈赤有遺囑在先：大福晉雖然年輕貌美，但心懷嫉妒，常常使汗王不快，如果留下，將來恐怕會成為亂國的根源，所以必須殉夫。

按當時的習俗，妻殉夫必須具備兩個條件，一是愛妻，一是沒有年幼的兒子，阿巴亥雖然符合前一條，但她確有兩個幼子需要撫育，而且她不相信汗王會留下這樣的遺言，她要據理力爭。但是，四大貝勒告訴她：這是汗王的遺命，他們縱然不忍心不願意，卻不敢不從。而且，從殉的儀式都已經準備好了。按規矩，當殉者盛裝坐炕上，眾人對之下拜，然後以弓弦扣頸勒斃；若殉者不肯殉，則群起而扼之，至死為止。

到了這一步，阿巴亥還有什麼辦法？她只能屈從，換上禮服，戴滿珠寶飾物，雖然照規矩殉者不得哭．她還是哀告諸貝勒，請求他們照顧她的幼子多爾袞和多鐸，在不得已的情況下，她還說了些冠冕堂皇的話：「我自十二歲侍奉汗王，豐衣美食已廿六年；汗王恩厚，我不忍離開他，所以相從於地下。」

大福晉的生殉非同尋常，努爾哈赤諸妃，如側妃博爾濟錦氏、伊爾根覺羅氏、葉赫那拉氏、哈達那拉氏及庶妃兆佳氏、鈕祜祿氏、嘉穆瑚覺羅氏、西林覺羅氏等俱為善終。至皇太極死時，不論中宮皇后，還是麟趾宮貴妃、衍慶宮淑妃、永福宮莊妃，還是那些無名號庶妃，無一人相從先帝於地下。順治皇帝死時，雖有一名貞妃者從殉，但也不過一庶妃，而且從當時文獻記載看，貞妃的從殉，出於皇室意料，顯然是自願從死，不願苦熬清宮的寂寞歲月。而阿巴亥的生殉則不同，她既是地位高貴的「國母」，又有幼子尚未成年，更何況先申斥了她的一番「罪過」之後，宣布是「先帝遺命」，而且「雖欲不從；不可得也」，強逼之自縊殉葬，同樣讓人聯想到逼迫大福晉生殉背後必有陰謀。

早在若干年前，大福晉就經歷了幾次風波。努爾哈赤庶妃代音察向努爾哈赤告狀說：「大福晉曾兩次備佳餚送與大貝勒（代善），大貝勒受而食之；一次送給四貝勒（皇太極），四貝勒受而未食。而且大福晉一日兩三次派人到大貝勒家，想是有什麼事商議。大福晉自己也兩三次深夜出宮院。」這樣的事情令努爾哈赤非常不快，但他處理得非常冷靜。

女真族與蒙古族一樣，有父死子娶庶母、兄死弟娶嫂的傳統習俗，努爾哈赤自己就從死去的族兄那裏繼承了嫂子袞代為大福晉，而且他自己也公開表示過他死後由代善繼承阿巴亥。現在，阿巴亥出於對未來地位的考慮，提前向身為儲君的代善傳情，表達自己的傾心愛慕，可謂預做準備，原也在情理中。須知，努爾哈赤已經年過花甲，鬚髮蒼白，而阿巴亥正當三十歲的盛年，最是女人丰姿綽約的成熟時期，老夫少妻、白髮紅顏，很難不生外心。再說，拿賊要贓，拿姦要雙，並無通姦的確證。所以，努爾哈赤赦免了大福晉的死罪，但予以休離。

人們不禁要問，一個毫無地位可言的小庶妃如何膽敢去告深受汗王寵幸、貴有三子的大福晉？而且牽連著自領兩旗、居參政「四大貝勒」之首、老汗王欲立為太子的大貝勒代善？誣告大妃與代善關係曖昧的邪風從哪裡刮起？

人們不難看出，這一切皆緣於愛新覺羅氏家族的權力之爭。因為老汗王年事已高，汗位的繼承人為誰，已成為諸子侄中明爭暗鬥的焦點。因為努爾哈赤時代在政治上實行八旗制，以八旗和碩貝勒「共理國政」，即以八旗旗主分權統治的制度；在經濟上則「予定八家但得一物，八家均分之」。軍事上，凡行軍打仗亦以八旗旗主為統帥，各有統屬，聯合作戰。這就必然形成八個政治、經濟乃至軍事實力旗鼓相當、勢均力敵的集團統治，也就會在汗位繼承上導致「諸王爭國」的惡劣後果。

當時八旗人馬中，皇太極掌握兩黃旗，代善掌握正紅旗，阿敏掌握鑲藍旗，莽古爾泰掌握正藍旗，所餘鑲紅、正白和鑲白三旗旗主，分別是阿濟格、多爾袞和多鐸。阿濟格、多爾袞和多鐸在他們分別只有十九歲、十二歲和十歲的時候，就成為擁有一旗、與諸兄並駕齊驅的權勢很大的旗主。諸兄能夠成為旗主，完全是因為在戰場上出生入死，流血拚命，而幼弟恃母親受寵而得汗王厚賜，怎能讓人心服口服？

阿巴亥的三個兒子阿濟格、多爾袞、多鐸所掌握的力量已經超過四大貝勒中的任何一個，如果再有他們的母親阿巴亥以國母之尊聯綴其上，那麼其他五位旗主誰不畏懼？誰又敢不服從？那麼阿巴亥就能因此而左右八旗、左右整個大金國的政局，破壞八王共執國政的均衡，對大金國、對他們每個人、尤其是對與阿巴亥有宿怨的皇太極和莽古爾泰，後果都是不堪設想的。所以必須除掉阿巴亥。因為除掉這個總挈首領的母親，就容易使三個同母兄弟分離，不能形成三人聯合的雄厚力量。一旦多爾袞、多鐸成年，後果就不堪設想了。所以一定要馬上將他們的母親處死，才能保證後金政權的穩定。

而且，更重要的是，努爾哈赤臨終之時，只有阿巴亥一人守在身邊，她向諸位皇子傳達老汗王的遺囑是「多爾袞嗣位、代善輔政」的努爾哈赤的臨終遺命。遭到四大貝勒的斷然否定，他們是有道理的，因為和碩貝勒共治國政，不但汗王生前反覆強調，而且書寫成訓示交給了每位貝勒，白紙黑字，證據確鑿；而所謂的臨終遺言沒有第二人能夠證明，即使汗王真的在去世前的昏迷中說了類似的話，也只能視為錯誤的命令，不可執行。但是這個女人既然放出了所謂「臨終遺言」，即便不能把家族推向鬥爭的血海，也會埋下不睦的種子，早晚釀成災禍。而且，皇太極地位聲望漸隆，怎肯將皇位讓給還不懂事的多爾袞呢？所以大福晉沒有別的選擇，她必須死去。

從上面的情況來分析，導演努爾哈赤大福晉生殉這場慘劇的應該是四大貝勒，而不太可能是努爾哈赤遺囑所命，她的殉葬反射出愛新覺羅家族說不清道不明的皇權之爭。

交易還是愛情 孝莊太后改嫁之謎

孝莊文皇后（?～一六八七），博爾濟吉特氏，科爾沁貝勒寨桑之女，天命十年（一六二五）與皇太極成婚。崇德元年（一六三六）封莊妃。福臨即位，尊為皇太后。康熙二十六年卒。其共生一子三女，一生輔佐福臨、康熙二位幼帝。其目光高遠，胸襟博大，為大清國運繁昌做出了舉足輕重的貢獻。

清太宗孝莊文皇太后是清初統治集團中一個具有遠見卓識的重要人物，其生平跌宕起伏，政治手腕高超。至於孝莊文皇太后當時如何能脅迫多爾袞（一六一二～一六五一）立其子，並使之輔政以成帝業，正、稗史籍、口碑史料、野史軼聞，多有「太后下嫁」說，或令人疑惑之處，成為清初「三大疑案」之一，也是近百年來芸芸眾生茶餘飯後談論清官「秘聞」中的一個熱門話題。

太后下嫁之謎的主角孝莊文太后。孝莊文皇后，姓博爾濟吉特氏，生於明萬曆四十一年（一六一三），天命十年（一六二五）與皇太極成婚。崇德七年（一六四二），太宗皇太極在松山大戰中生擒明經略洪承疇，之後千方百計勸其投降，以充當滿族入關的引路人，均被拒絕。於是，孝莊文皇后親去勸降，終於以燕語鶯聲和溫情脈脈喚起了洪承疇對家庭及妻子的眷戀，做了清的臣子，為清一統大業立下汗馬功勞。太宗皇太極死後，她又運用高超的政治手腕，籠絡住了多爾袞，使其甘願輔佐自己的幼子福臨為帝，避免了清統治集團內部的分裂。順治十六年（一六五九），鄭成功北伐，接連大捷，清統治集團人心惶惶，甚至準備避難於關外。最後經孝莊文皇后出面制止，清廷政局才得以穩定。世祖福臨死後，年僅八歲的玄燁為帝。孝莊文皇后又精心扶立自己的孫兒，先是挫敗了輔政大臣鰲拜的專擅，使玄燁得以親政，繼而又出謀劃策，幫助玄燁平定了三藩叛亂。由此看來，孝莊文皇后真不愧是清朝的開國功臣。

一六四三年，清太宗暴病而亡之後，儘管其子弟中不乏勇武善戰、足智多謀、堪承大業之人，但出人意料之外的是，得以繼承皇位的竟是他的第九子福臨。人們不禁要問：一個年僅六歲的小娃娃，如何能登上皇帝的金龍寶座，當上大清國的皇帝？是大清國裏無人呢，還是皇太極無長子在？福臨即位既非先皇遺命，難道果真是「天定神授」，生前註定？當人們揭去那種種神秘的外衣時，就不難看出福臨之得即皇帝位，既是愛新覺羅氏家族皇權鬥爭的結果，也與其母的聰明才智及其施加的政治影響不無關係。

皇太極死時已坐了八年之久的「寬溫仁聖皇帝」。若按封建的君位嬗替制度；即按「子承父業」的傳統習慣，當立其長子豪格。皇太極生前有皇子十一人，其中豪格居長，時年已三十四歲，為皇太極繼妃烏拉那拉氏所生。他在青少年時代就隨父、祖南征北戰，在統一戰爭中功勳卓者，故在皇父稱帝，賜封諸王貝勒時，便以軍功被封為最高等級的和碩親王，封號肅親王，與諸叔輩並列為王，甚至位在封為郡王的叔父阿濟格、阿巴泰等之前，而皇太極其餘諸子如葉布舒、碩塞，不過十六七歲，既無戰功，亦無地位。至高塞、常舒、福臨、韜塞及博穆博果爾諸子，則是年幼無知的稚童。論理，即皇位者非豪格莫屬。然而，出乎人們意料，登上大清皇帝寶座的恰恰是年僅六齡的稚童皇九子福臨。

先帝既有成年皇子在，為什麼捨長而取幼？是清初不拘泥於「嫡長制」，還是有別的什麼原因？無情的歷史告訴人們，這一切正是愛新覺羅氏家族中皇權鬥爭的結果，福臨母子不過坐享「漁翁之利」而已。

在這場爭奪戰中，以皇叔多爾袞為首，聯合了其同母兄武英郡王阿濟格、弟豫親王多鐸，伯父禮親王代善也因當年與其母大福晉烏拉那拉氏的緣故傾向於多爾袞。另一方面，以肅親王豪格為首，有皇太極生前的親信內大臣索尼、侍衛大臣圖賴和皇帝所屬正、鑲兩黃旗大臣的支持。鄭親王濟爾哈朗雖未公開表態，但暗中支持豪格，形成了兩派勢力的生死決鬥。

當時議立問題矛盾的焦點集中在睿親王多爾袞和肅親王豪格身上，兩人都暗中進行積極的活動爭取自立，就兩人自身的條件論，可以說是旗鼓相當，兩人都是有勇有謀、屢建戰功、很有影響的親王。若以軍事實力論，代善領正紅旗，濟爾哈朗領鑲藍旗，再加兩黃旗及豪格自領的正藍旗，共是五個旗的兵力支持豪格，多爾袞所控制的則只有兩白旗兵力，儘管精銳莫擋，總還是遜於豪格一分。

在諸王會議議立之時，豪格一方態度堅決，代善首先表態，豪格「當承大統」，在豪格表示謙讓以後，兩黃旗將士張弓挾矢，環立宮殿，以武力要脅「若不立帝之子，則寧死從帝於地下而已」。代善也再次強調「當立皇子」。當時形勢很明顯，非皇太極之子不能立！這裏有個問題需要說清楚的是，代善與兩黃旗將領所說「立皇子」其實仍然是指豪格，因為豪格是諸皇子中的第一人選，其他皇子即使不是年齡幼小，功勳、地位和影響也都沒有高於豪格之上者。所以，他們堅持「立皇子」並非改議，只是換了一種說法。當然，他們沒有想到這會被多爾袞鑽了空子。

多爾袞自非等閒之輩，「聰慧多智，謀略過人」，在這樣一種不可輕舉妄動的情勢之下，雖然確有自立之心，也不敢貿然從事，而是冷靜地觀察，尋找時機。阿濟格和多鐸勸他自立，他「猶豫未允」。多鐸提議立代善，而代善卻堅定地再次表態「當立皇子」。這時，機敏的多爾袞終於考慮好了對策。他的發言首先肯定對方「立皇子」的意見，這樣，一下子就緩和了對立情緒，使對方放鬆了警惕，而且再也無話可說。然後，他抓住豪格的謙辭，說他「無繼統之意」，輕易地排除了對方再堅持豪格的可能性，也就很自然地消除了這個對手。最後，才提出他的方案：「立帝之第三子」，「八高山軍兵，吾與右真王（濟爾哈朗），分掌其半，左右輔政」。這個方案既達到了他掌權當政的目的，又尊重了對方的意見，而且，還保持了雙方勢力和利益的平衡。到這時，豪格一方只能心服口服地接受這個方案了。由此可以看出，是多爾袞首先提出立福臨為帝，合情合理。

正是因為多爾袞的支持，才妥善地化解了清皇室內部一場不可調和的矛盾，避免了一場流血內亂的發生，這直接關係到此後不久清朝定鼎中原，統一全中國鬥爭的勝利。在這點上，多爾袞功不可沒。

當然，福臨之得即皇帝位，處於除皇后之外的四大福晉之一其母的地位，佔有一定的優勢。而孝莊與多爾袞之間的情愫，早在皇太極健在時就已產生，因為莊妃年少，美貌出眾，又與小叔年貌相當（莊妃比多爾袞小兩歲），故而已經結下了不解之緣。至皇太極病逝，叔嫂便接續前緣，投身到多爾袞的懷抱，不惜以太后之尊下嫁皇叔。既如此，多爾袞才全力支持莊妃所生之子，並輔保他小小年紀穩坐江山。

據說，多爾袞「出入宮禁，時與嫂侄居處，如家人父子」。莊妃不但因自己盛年獨居寡歡，情愛之需，而且為多爾袞讓位給其子，出於感激之心才與之私通。孝莊文皇太后委身於多爾袞，主要還是為保住自己兒子的江山社稷考慮的，由於多爾袞以攝政王的特殊地位，掌握著生殺予奪的權力，為了兒子和自己的將來，故而才下嫁多爾袞。

孝莊文皇太后通過耳目探聽得知，多爾袞在臥病時曾對他的心腹說了這樣一句話：「如果以我為皇帝，以現今的小皇上為皇儲，我哪裡會得病呢？」這句話的中心是「以我為皇帝」，他若真的達到了做皇帝的目的，皇儲未必還屬於福臨。在這種情況下，母子倆的前途頓時變得凶吉難測，但顯然是凶多吉少。孝莊文太后與多爾袞私會時，也探過他的口氣，但這樣的篡奪大事，又與孝莊文太后休戚相關，就是最親密的情侶，也不可能透露一分一毫，何況多爾袞又如此精明、如此老謀深算？孝莊文太后為了防止母子倆人入厄運，終於走出了決定性的一步，以國母太后之尊，下嫁攝政王多爾袞！

降尊下嫁，是孝莊文太后主動提出來的。據野史記載，為了更有力地制約多爾袞的野心，太后下嫁的婚禮辦得格外隆重、格外豪華、格外引人注目，要辦得天下人皆知。首先，通過順治皇帝表彰多爾袞治國平天下的大勳勞，尊多爾袞為皇父攝政王。將皇叔改為皇父，已經表明了多爾袞與皇帝和太后關係上的質變。其次，以順治皇帝的名義，發佈太后下嫁皇父攝政王詔書，佈告天下。再其次，命禮部為太后下嫁增添新的儀注，使這次婚禮成為一次國家大典禮。最後，把婚禮定在了順治六年（西元一六四九年）的二月初八日，因為這一天是孝莊文太后的生日，太后誕辰稱聖壽節，原是萬民同慶的日子，再加上婚禮，喜上加喜，雙喜臨門，節慶的氣氛更加熱烈喜興了。

順治皇帝這年已經十二歲，還不懂漢文、不會說漢話，在滿蒙額娘和嬤嬤的教養下，熟知本民族的習俗，母親再嫁並不是什麼令他覺得羞恥的事情，以他的聰穎和額娘們的提示，他能夠理解母親的行動意在保護他的皇位。

「太后下嫁」的關鍵就在太后下嫁的這個「下」字上。這一個字規定了多爾袞的名份和地位。就像公主下嫁一樣，駙馬的地位再高，也越不過公主的尊貴；他縱然號稱皇父攝政王，也僅只等於是太后的「駙馬」，地位總是在太后之下的。他只能是皇帝的繼父、太后的後夫，無論是名份還是等級，他都沒有稱帝的可能。何況婚姻關係的羈絆、以周公相許相期的激勵，使他的野心幾乎化為流水。他只能做那個在歷史上因輔佐侄子成就帝業而德高望重的周公了。

這樁婚姻的特殊之處還在於，作為「駙馬」的多爾袞自己有一個妻妾成群的大家庭。他只能用大多數時間在紫禁城與太后同宮而居，間或回王府照看照看。他的妻妾們縱然不滿也不能說什麼，因為論尊論貴，論才論韻，她們都絕對無法與太后匹敵。這更是對多爾袞的又一重束縛了。

不過，孝莊文太后也給了多爾袞極大的補償：他以皇父攝政王的身分，處理一切政事及批示本章，可以不奉皇上之命，概稱詔書聖旨下發。他已經握有皇帝的權力，可以說就是代理皇帝，然而終究還是個假皇帝。因為他絕不能居皇帝之宮、絕不能登皇帝之寶座、絕不能稱萬歲在太和殿朝會時受諸王百官朝賀等等。天下仍然是順治的天下，大清的皇帝仍然是福臨。

總而言之，這一年，即順治七年（西元一六五〇年）的十一月，多爾袞仿照他的汗兄以打獵邊外來消病健身，終於無效，十二月初九日病死在喀喇城。時年三十九歲。最大的威脅解除了，孝莊文太后大大地鬆了一口氣；可是回想與多爾袞二十多年的情愛和波折，又不免傷心地大哭了一場。

十二月二十六日，順治皇帝下哀詔於中外，稱頌多爾袞的至德豐功，決定追尊多爾袞為義皇帝，廟號成宗。可是追贈的皇帝也不過當了四十來天，就因生前的謀逆大罪而削爵、黜宗室、毀墳、財產入官了。直到一百二十多年後的乾隆年間，才由乾隆皇帝本人為多爾袞平了反，恢復王爵，追諡為忠，配享太廟，並命其爵世襲罔替，成為清初的八個鐵帽子王之一。

不過，從目前見到的文獻及檔案史料，既不能確切證明孝莊當年下嫁過多爾袞，也不能證明孝莊就沒有嫁過多爾袞。如果綜合分析一下當時滿族社會的歷史背景、滿族早期的婚俗，以及當時宮廷鬥爭的情況，孝莊下嫁給多爾袞是可能的。首先，從清初的皇室婚姻看，他們的婚姻與漢族傳統的倫理道德觀念尚有很大差異，這是因滿族社會正在向封建制的過渡階段，滿族「舊俗」中那些不分輩分，乃至群婚制殘餘仍有影響。至皇太極的後宮中還存在著姑侄三人同事一夫的怪現象。而且，皇太極後來不僅將自己的女兒嫁給妻兄吳克善之子，還嫁給其祖父之子。至於太祖努爾哈赤時期就更混亂了，如努爾哈赤既妻烏拉貝勒布占泰的侄女阿巴亥，又將自己的女兒穆庫什嫁布占泰。而兄亡弟妻其嫂更視為常事，努爾哈赤的繼妃富察氏便是同族亡兄之妻。皇族中這種「兄終弟及」的婚姻習俗，在清初普遍存在，孝莊在皇太極死後嫁給貴為攝政王的小叔是很自然的事。

況且滿族人中實行早婚，皇室中多「老夫少妻」。因而，以寡嫂年少，弟妻其嫂者不乏其人。當時多爾袞還年長孝莊兩歲，加之莊妃美貌超群，多爾袞又極好聲色，娶一位美麗的少婦，地位又極尊貴，也是他的追求。所以，在那個時代，孝莊以寡嫂嫁給多爾袞是極可能的。但是，皇太極死後僅一年，攝政王多爾袞便揮師入關，入主中原。在漢族封建禮儀道德觀的衝擊下，滿族人，包括皇室中那些「陋習」逐漸被剔除。所以，以前視為自然的婚姻習俗變得不再體面，以後的史書裏為尊者諱，有可能便把太后下嫁的事刪掉了。

但是當時的種種跡象表明，孝莊與多爾袞之間可能存在著事實上的婚姻關係。其一，福臨即位時，原定由濟爾哈朗（舒爾哈齊子，皇太極堂兄），時封鄭親王與多爾袞共同攝政監國，而且濟爾哈朗位在前。後來多爾袞多方排擠濟爾哈朗，改稱「叔父攝政王」，既抬高自己，又打擊了別人。順治五年後，又改稱「皇父攝政王」。康熙二十六年（一六八七），孝莊文皇太后病危，彌留之際囑咐孫兒在其死後，「務於孝陵近地（其子福臨的皇陵），擇吉安厝，則我心無憾矣」。孝莊以皇后之尊，理應送到盛京昭陵與先帝合葬，為何反倒要留在兒子的身旁？豈不與理不合？當然，孝莊是極聰明的人，對自己的身後事早有考慮，故提出死後不回盛京的理由是「不要驚動太宗」。而且，清歷朝啟建的皇后陵均建在「風水牆」內，諸如孝惠、孝聖諸后，而惟孝莊皇太后的陵墓建在了「風水牆」外，即昭西陵風水牆外，是想告訴人們她已不屬太宗的皇后嗎？另外據說，她在遺囑中要求將她生前喜愛的新建不久的慈寧宮東王殿拆遷到遵化縣孝陵近地做「暫安奉殿」，康熙皇帝遵祖母的遺願一一辦理了。但據孝陵附近的故舊耄耆口碑傳聞，說是當年浮厝孝莊靈柩的享殿裏曾刻有太后下嫁時文武百官的賀詞，將這座宮殿遷至墓地，便可掩蓋此事了。

從以上種種令人疑惑的現象來分析，孝莊和多爾袞之間存在著事實上的婚姻關係是可能的，而且這種關係的存在恐怕不僅僅是出於男歡女愛的情愛需要，更主要的還是以政治利益、權勢的協調和平衡為主。因此，多爾袞一死，在其屍骨未寒的情況下，少年天子福臨便以其生前「謀逆」一罪，毫不留情地將其削爵撤廟享，藉沒家產等一連串處罰。所以，即使有「下嫁」一事，也應將太后的下嫁視為孝莊所採取的一種政治手段，是為了籠絡多爾袞，使他放棄爭奪皇位，扶立其幼子，從而穩定政局的一種策略。

母儀天下的典範

乾隆皇后逝世之謎

孝賢純皇后（一七一一～一七四八），富察氏，察哈爾總管李榮保之女。嫁給皇子弘曆後，被冊封為嫡福晉，乾隆二年（一七三七）冊為皇后。其性情溫婉，平居恭儉，不御珠翠，深得乾隆敬重。乾隆十三年卒後，乾隆悲痛欲絕。其生二子二女，其中二子一女早夭。葬裕陵。

乾隆皇帝堪稱是一位風流天子，也是一位多情帝君，曾數下江南，微服私訪，故在野史和民間便編造出許多的逸聞軼事，為人們茶餘飯後所樂道。關於他的第一個皇后富察氏之死，在後世流傳甚廣的《清朝野史大觀》中是這樣描述的：

「高宗（即乾隆）孝賢皇后，傅文忠公恆之妹也。相傳恆夫人與高宗通，后（指孝賢皇后）屢反目，高宗積不能平。南巡還至直隸境，同宿御舟中，偶論及舊事，后誚譏（責備）備至。高宗大怒。逼之墜水，還京後以病殂（即病逝）告，終覺疚心（內疚），謚后號孝賢。」

也就是說，孝賢皇后因為阻止乾隆爺與其嫂私通而引起高宗震怒，被逼投水自盡的。

還有一種說法是，乾隆出巡到了惠州後，在船上通宵作樂；皇后在其他船上聽說後，擔心發生意外，遂當即來到乾隆御舟，予以勸阻，語言嚴厲。這時乾隆已經喝醉了，極為憤怒，對皇后大加責罵。皇后羞怒而返，失足落水而亡。乾隆酒醒後，對皇后之死極為痛悔，命莊親王和諸王陪太后回京，自己留在德州，親自守靈，扶棺回京。辦理喪事的規格，自然比其他后妃都要高出許多。

在另一則版本的野史裏說，乾隆皇帝在御舟中招娼妓數十人，歌舞侍宴，「備極蝶褻」，被孝賢皇后撞見，怒責娼妓，對弘曆語涉譏諷，高宗大怒，對皇后拳腳相加，富察氏悲憤所致，投水而死。弘曆酒醒之後，追悔莫及，故孝賢喪儀獨隆。

這兩種說法雖略有出入，但均說孝賢皇后係落水身亡，這俱因孝賢皇后之死，確實是在返回京師的舟船之上。但是宮禁規矩嚴格，內廷舉行賀禮及筵宴，皇帝身邊侍衛、太監眾多，又在眾目睽睽之下，乾隆如何得以與皇后戚屬勾搭成姦？再則，乾隆皇帝出巡時又奉皇太后鈕祜祿氏同行，自有眾多妃嬪隨往，不僅皇后一人。此時高宗已年屆四旬，不但有雍容華貴、美貌賢慧的皇后陪伴，且有妃嬪數人隨侍，何至自輕自賤到招娼妓到御舟之中尋歡作樂，況有高堂聖母皇太后在鳳舟之內？所以，這些說法應屬無聊文人的異想天開，皇后的死因跟吃醋是風馬牛不相及的。

其實，乾隆皇帝和皇后富察氏的感情非常深厚，乾隆在富察氏去世後的相當長的一段時間，乾隆完全沉浸在巨大的悲痛之中。乾隆為懷念、哀悼皇后富察氏所做的悼亡詩，婉轉淒切，感情深摯，不但在御製詩中是難得的上乘之作，即與古代其他著名的悼亡詩相比也一點不遜色。

皇后富察氏，大家閨秀，美而賢慧。她在崇慶皇太后前趨走承歡膝下，恪盡孝道，與乾隆帝結髮夫妻，朝夕相處，溫柔體貼，至敬至誠。皇后雖出身名門望族，但生活儉樸，一生不著華服，不飾珠翠，保持著自然的豐美。乾隆還沒有做皇帝的時候，就和富察氏成婚了。新婚之際，夫妻恩愛纏綿，伉儷情深。在弘曆眼中，富察氏的一言一行，一舉一動都是那麼的迷人，那麼的可愛，她就是完美的化身。古往今來，一切賢淑女子，有誰能超過眼前這位女子？在富察氏眼裏，夫君是那麼的英俊，那麼的睿智，雖貴為皇子，卻對自己體貼入微，相敬如賓，一種終生有靠的欣慰之情便油然而生。尤其是想到有一天或許他將擔承大清的統緒，富察氏便從心靈深處感到激動和亢奮，同時，又有幾分畏懼和恐慌。

第二年（一七二八年）十月，富察氏為弘曆生下了一個漂亮的小女孩，然而，僅過兩年，此女就不幸夭亡。雍正八年（一七三〇年），富察氏生下兒子永璉。永璉是一個長相俊秀，天賦極高的孩子，弘曆夫妻對他異常寵愛，作為祖父的雍正皇帝對這個孩子也十分疼愛，認為他長大以後，定是一個能夠擔承君國子民重任的治國之材。他曾暗示弘曆：將來做了皇帝後，應立永璉為繼承人。喜上加喜的是，次年（一七三一年），富察氏又為弘曆生下一個千金，這就是固倫和敬公主，弘曆與富察氏有了一對活潑可愛的小兒女，其興奮、滿足之情可想而知。

西元一七三五年，雍正去世，弘曆即位，這就是著名的乾隆皇帝，富察氏成為皇后，從此，她除了對弘曆深摯的夫妻之情外，又增添了一份「母儀天下」的莊嚴責任感。為了使自己以及妃嬪們的一言一行都符合儒家規範，有助於乾隆治國安民，富察氏特建議乾隆將歷代妃嬪、皇后中最為賢明的十二人的像繪於內宮之中，組成宮訓圖十二幅，其中有「西陵教蠶」、「太姒誨子」、「姜后脫簪」、「樊姬諫獵」、「燕姑夢蘭」、「許后奉案」、「婕妤當熊」、「班姬辭輦」、「馬后練衣」、「徐妃直深」、「昭容評濤」、「曹后重農」等，乾隆親自撰寫贊辭，使妃嬪們有效法的榜樣。

過去，宮中常用金絲銀線織成荷包進呈皇帝，富察氏認為這一做法過於奢侈，遂將其革除，她仿照滿族在關外的傳統，用鹿羔毯絨為乾隆製成佩囊，提醒他不要忘記祖宗創業的艱辛。乾隆九年，蠶壇築成，皇后遂率眾妃嬪等行親蠶禮，「求桑獻繭，效績公宮」。

說到皇后率妃嬪行「親蠶禮」，也是仿效古制。作為封建帝王，往往標榜自己如何勤於政務。每年還要於農時舉行「耕耤禮」，「親蠶禮」，用「皇帝親耕」來表白自己關心民生衣食。康熙皇帝就曾在西苑的承澤園內親自種過水稻，稱「御稻」，搞了一塊試驗田。同時在園左右設立蠶舍，養蠶繅絲織帛。胤禎即位後，效法乃父，很重視農業生產，提倡利用荒山坡地，種樹植桑，以資民生衣食。並於西苑北郊建先蠶祠，設蠶壇，觀桑台、親蠶殿等，以備后妃等行親蠶禮。乾隆亦遵祖制而行。皇后率先垂範，身體力行，每年值蠶繭收穫之後，便率領妃嬪宮人繅繭成絲，並命官為染織製成御衣，「以朝以祭，皆其所供也」。當然，作為偌大個大清國，並不在乎皇后及宮人所獲的一點蠶絲製衣，而貴在提倡純樸節儉的精神。對皇后這種崇儉去奢之舉，乾隆感到由衷的寬慰。

富察氏溫柔賢慧，對乾隆皇帝一往情深，關懷備至。富察氏深知大清帝國的傳統，女人不能干政，她也深知乾隆的個性，他敏感的自尊心不能容忍別人對自己的君權有絲毫侵犯。對為君之難，為后妃者，只能體諒，不能分擔。自己所能做到的，就是用默默的愛去撫慰皇上，使他放鬆，使他愉快，用自己全部身心去體貼他，將自己作為丈夫最安全、最舒適的避風港。

一次，乾隆皇帝患癤瘡，經御醫治療雖已初癒，但醫囑仍需將養百日方可完全康復。皇后聞知後，雖然既要在太后前承歡，又要攝六宮事，同時還要鞠養教誨子女，多有勞累。但她仍不用其他妃嬪，每天親自奉侍榻前。每到夜晚，則睡臥於皇上寢宮外，以備隨時奉茶倒水。皇上養病期間，她親視醫藥，從無懈怠，直至百日，乾隆皇帝身體完全康復，強健如初，始回本宮。一百天後，乾隆身體康復如舊，富察氏卻消瘦了許多。

當左右大臣恭賀皇上龍體復原，洪福齊天時，乾隆心想，有富察氏這樣的賢妻，就是朕最大的福氣。這個時期的清朝宮廷，真是充滿了溫馨與和諧，乾隆無內顧之憂，一心一意治理國家，整飭吏治，革除弊政，施恩於百姓，在民眾中享有崇高威望，史書載：當時「萬民歡悅，頌聲如雷」，民間甚至出現了「乾隆寶，增壽考，乾隆錢，萬萬年」的歌謠，大清帝國出現了政通人和、國泰民安的繁榮景象。

然而，命運似乎故意與這對恩愛夫妻作對。乾隆三年（一七三八年）十月十二日，他們視若心肝的兒子、年僅九歲的永璉竟突患寒疾，當即死亡。這對乾隆和富察氏都是極其沉重的打擊。永璉年紀雖小，但品性淳良，悟性極高，酷愛讀書，言談舉止中洋溢著帝王之家特有的富貴之氣。乾隆在他身上寄託著莫大的希望。即位不久，就仿雍正當年成例，將永璉秘密定為皇儲，並親寫傳位密詔，將其藏於乾清宮「正大光明」匾後面，萬一有一天自己發生意外，群臣就可以從匾後取出詔書，立永璉為帝。並對大臣們說：秘密建儲並非長久之計，等將來皇子（指永璉）年紀大一些，知識增加，道德中固樹立，不可能被邪惡思想引誘變壞以後，朕仍將頒佈詔書於天下，公開冊立皇太子。然而，現在願望落空了，乾隆將當初自己親手寫下的密詔給大臣們看，不禁淚如雨下，悲痛萬分。

這場災難最大的受害者是皇后富察氏。噩耗傳來，悲慟欲絕。她無法相信，昔日天真活潑的兒子竟會永遠離去，永璉那清秀的臉龐、悅耳的聲音，不斷在她腦海裏出現，以致她無法吃飯，無法安寢。她將永璉玩過的玩具、看過的書、用過的筆都默默收藏起來，她不敢看，又不能不看，她不敢想，又不能不想。曾多少次，她在夢中懷抱嬌兒，醒來方知兩手空空，惟有以淚洗面。第二天，當她去見皇太后、乾隆的時候，還不得不強裝笑臉，她不願自己失子的哀傷，過多地影響母親和丈夫的情緒，就這樣，她用自己柔弱的身軀承受著悲傷。

為了讓皇后開心起來，乾隆對她比以前更加體貼細膩。乾隆十年（一七四五年）夏，富察氏又有了身孕。這對於富察氏來說，真是天大的喜事，撫摸著腹中的嬰兒，她由衷地感到幸福。現在，她將自己全部的心血都用於哺育這個未出世的孩子，想像著他的性別、長相，出生後清脆的啼哭，以及充滿稚氣的一舉一動。孩子，使她幾乎絕望的心靈又燃起了希望的火花。看著富察氏逐漸紅潤的臉龐，太后和乾隆心裏頓然輕鬆了許多。乾隆私下對富察氏說：若所生為兒子，朕將來必立之為太子。富察氏一聽此言悲喜交集，她想到了永璉，也想到了腹中的嬰兒，更為皇上對自己的關懷和恩愛而感動萬分。

乾隆十一年（一七四六年）四月八日，富察氏生下了一個健壯的男嬰，取名永琮，即含福隆壽永，以延宗祀之意。不僅如此，乾隆在內心已將這個小小男孩作為皇位繼承人，希望用良好教育精心培養他，使其長大以後，能承擔統治天下的重任。在他心中，未來的皇位早已非永琮莫屬。可是，上天偏偏不讓他們長久地沉浸在幸福之中，當永琮剛滿一歲零八個月的時候，在大年三十（農曆十二月二十九日）竟因出痘不治而亡。乾隆看到自己和皇后所生的兒子及自己秘定的皇位繼承人一個接一個夭亡，開始感到前所未有的恐懼和疑惑，他悲慟，更多的是不解，為什麼不幸偏偏降落到嫡子身上？他哀嘆說：本朝還沒有以皇后所生嫡子繼承皇位的，朕一意孤行，想做先人沒有做到的事，以致嫡子早亡！

這次打擊，把富察氏徹底摧垮了。八年之中，兩喪愛子，前後所生四個孩子，竟有三個夭亡。對任何一個母親來說，都是難以承受的打擊。皇后富察氏除了在皇太后、皇帝面前強裝笑臉外，整日鬱悶無語，常常一個人望著渺渺蒼穹，輕聲呼喚著永璉、永琮的名字，有時，她甚至熱切期待著到另一個世界去擁抱自己的孩子。

痛失二子，對孝賢皇后的打擊太沉重了。

就在永琮死後不足三個月，即乾隆十三年正月，皇后富察氏含悲忍痛，隨駕奉侍皇太后巡幸山東。為盡兒婦之道，皇后在太后前仍強顏歡笑，侍膳承歡，耐心服侍。乾隆皇帝率皇后等奉母巡遊，也有個目的，就是為使皇后飽覽山川景色，以釋愁懷，減輕失去愛子的悲痛。為了讓皇后心情愉快，乾隆特令富察氏的兄長、戶部尚書傅恆一同前往，負責辦理巡幸中內閣事務。

這是一次頗為壯觀的旅行，龐大的巡幸隊伍一路遊山訪古，時走時停。過盧溝橋，憩弘恩寺，覽古涿州，駕臨曲阜，登泰山，詣玉皇廟，閱兵於濟南，泛舟於大明湖上。皇后陪侍太后、皇上，一路上觀賞東土的山光水色，風俗民情，似乎一時忘掉了心中的痛苦。

其實，富察氏的興奮與興趣不過是為了不讓乾隆以及太后失望，她內心的憂傷依然如故，而且與日俱增。當她路過鄉村城鎮，看到平民家的孩子到處活蹦亂跳便心如刀絞。

山東的暮春，乍晴乍雨，冷暖不定。習慣於北方寒冷、乾燥氣候的富察氏在濟南開始感到不適，太醫診斷為寒疾，乾隆聞訊，立即下令推遲回鑾，以便她在濟南休息幾天，使身體早日康復。然而，富察氏卻不願因自己而導致眾人長時間滯留外地，而且，京師還有許多政務正等待著皇帝回去處理，更重要的是，如果在濟南停留時間太長，勢必引起太后的懷疑，而她卻不願意太后為自己的健康過分操心。

見皇后執意要回京，乾隆只得答應，但皇后的身體實在太虛弱了，再加上旅途的勞累，使她根本無法抵禦疾病的侵襲。

三月十一日（西曆四月八日），龍船行至德州的時候，富察氏病情突然惡化，驚慌失措的乾隆令將其火速抬往御舟，並調集良醫會診。這個時候，隨駕的諸王、大臣也得到消息，紛紛前來問安。然而，為時已晚，病入膏肓的富察氏早已奄奄一息，到半夜時分，竟溘然長逝，和永琮去世的時間，僅僅相隔三個月！

乾隆皇帝本就對這位少年結髮之妻感情深厚，情深誼重，今日一旦永訣，心中哀痛不已。然又遠離京師，在外舟行途中遇皇后喪事，只好強忍悲痛，安排太后等人回京事宜。他一面命皇親莊親王允祿與和親王弘晝二人恭奉皇太后御舟緩行回京，自己則留在德州安排皇后殯殮事宜，然後扶棺返回京師。皇后梓棺經通州抵京，由東華門入蒼震門，於皇后生前居住的長春宮暫時安厝，先已命王公大臣及公主王妃以下，大臣官員命婦、內務府佐領、內管領下婦女分班齊集，身穿縞服跪迎入宮，皇帝親自臨視皇子祭酒。

為了籌備皇后富察氏大喪禮，乾隆皇帝特擢派履親王允裪、和親王弘晝、戶部尚書傅恆、工部尚書哈達哈、戶部右侍郎舒赫德、工部右侍郎王和等總理喪儀，為皇后舉行一連串隆重的喪禮。

乾隆皇帝念與富察氏廿二年伉儷情深，痛悼皇后之喪，頻頻舉行祭奠活動。既到皇太后居的暢春園請安，也要抽空到景山觀德殿皇后梓宮前奠酒哀悼一番。直到這年閏七月，皇后之喪已逾四月，仍祭奠不輟。至冬十月，孝賢皇后梓宮移至京東靜安莊，乾隆帝亦車駕親送。而且，在一年之中每月都有一、二次去靜安莊致祭。

試想乾隆皇帝乃一國之君，又值平定金川之亂期間，日理萬機，竟如此忙中偷閒，頻繁舉行悼念活動，足見皇上對孝賢皇后的依戀之情。一直到周年之後，仍時常到皇后殯所奠酒舉哀，說不盡的懷念，道不完的情思，直至十七年十月入葬直隸遵化州（今河北遵化縣）清東陵勝水峪地宮，即後來乾隆皇帝的裕陵。嘉慶四年，乾隆皇帝壽終正寢，與之合葬地宮，這一對恩愛夫妻到冥間相伴去了。

皇后富察氏死後亦為之舉行過隆重的冊諡禮，諡曰「孝賢皇后」。

說起皇后獲諡「孝賢」，還有一段故事。早在三年前，即乾隆十年（一七四五）正月，乾隆皇帝一位寵妃高佳氏病逝，追封皇貴妃，命諡號「慧賢」。當時皇后在身邊，見諡高佳氏慧賢名號，便請求曰：「吾他日期以孝賢可乎？」這本來是夫妻間一句戲言，因為當時富察氏年僅三十四歲，身體亦好，乾隆皇帝當然不以為意。不想事過三年，竟戲言成真，皇后年紀輕輕，竟突然病逝。乾隆皇帝在考慮追諡名號時，便想到皇后當年所求，以及其一生的賢淑品德，遂諡以「孝賢」，既名副其實，又踐了前約。

四十八年後，他傳位其子，當了太上皇，這時，他已八十六歲高齡了。這年暮春，他又來到孝賢皇后墓前，以酒相祭。當年他親手種下的松樹，如今已高入雲天，觸景生情，想到昔日夫妻二人相約偕老，不僅感傷萬分，曾專門賦詩記其事，並說：「偕老願虛，不堪追憶。」由此來看，乾隆對孝賢皇后的愛情是深摯綿長的。

乾隆皇帝對孝賢皇后的悲悼和懷戀，是出於對她人品德性的敬重。他曾對皇后短暫一生做了較全面的評述：

「皇后富察氏，德鍾勳族，教秉名宗，作配朕躬，二十二年，正位中宮，一十三載。逮事皇考，克盡孝忱，上奉聖母，深蒙慈愛。問安蘭殿，極愉婉以承歡，敷化椒塗，佐憂勤而出治，性符坤順，宮廷肅敬慎之儀，德懋恆貞，圖史協賢明之頌。覃寬仁以逮下，崇節儉以提躬，此宮中府中所習知，亦億人兆人所共仰者。茲於乾隆十三年三月十一日崩逝，惟內佐久藉贊襄，追念懿規，良深痛悼……從來知臣者莫如君，知子者莫如父，則知妻者莫如夫，朕做賦皇后輓詩，有聖慈深憶孝，宮壺盡稱賢之句，思惟孝賢二字之嘉名，實該皇后一生之淑德。」

乾隆對結髮妻子的愛戀是勿庸置疑的，但是在民國時候為了給清廷臉上抹黑，許多文人大肆杜撰，說皇后的死是由於乾隆的風流韻事，其實大多是沒有根據的捕風捉影，不足為信，只是當作笑談來聽罷了。

乾隆輓孝賢皇后詩斷兩詩

鳳妾龍循何事爾，魚貫故劍適相從。
可知此別非常別，漫道無逢會有逢。
蘆殿驚心陳月白，取涂舉目慘寒冬。
百年等是行雲寄，廿載憑參流水淙。

三秋別忽爾，一晌莫酸然。
追憶居中閫，深宜稱孝賢。
平生難盡述，百歲妾希延。
夏日冬之夜，遠期只廿年。

千秋功過任評說

「無字碑」之謎

武則天（六二四～七〇五），名曌，唐高宗皇后，武周皇帝。其十四歲入宮，為唐太宗才人，後於高宗時復召為昭儀，永徽六年（六五五）立為皇后，開始參與朝政。高宗卒，立中宗，其臨朝稱制，後又連廢中宗、睿宗，於載初元年（六九〇）自稱聖神皇帝，史稱武周。其把持朝政數十載，開創殿試制度，倡農桑，任用酷史，私蓄面首，功過分明。七〇五年中宗復位，是年冬，其病老而死。

當中國古代陵寢制度發展約一千多年以後，陵前樹碑立傳，在唐代已成定制。然而女皇帝武則天墓前，卻有一塊不書文字的「無字碑」。武則天乃女中丈夫，巾幗不讓鬚眉，向來敢作敢為，她為什麼要給後世留下一個「無字碑」呢？

乾陵建在今陝西乾縣西北的梁山上，是唐朝第三個皇帝高宗李治和皇后、也是後來改唐建周的女皇帝武則天的合葬墓。它是唐代關中十八陵中地勢最為壯觀的一座。乾陵墓道沿梁山逐級下降，兩旁排列有長長的大小不等的石刻，在原南城朱雀門外的地勢寬廣處，東西兩側矗立著兩塊各高六米左右的墓碑。西面為「述聖碑」，由武則天撰文，唐中宗書寫，內容是歌頌唐高宗的文治武功，東面就是舉世聞名的「無字碑」。

武則天是中國歷史上的奇女子。武則天十四歲時做了唐太宗宮裏的才人，服侍太宗。唐太宗晏駕以後，武則天被送進感業寺尼姑庵。高宗在當太子時，就看中了武則天。即位兩年後，他把武則天從尼姑庵裏接出來，封她為昭儀。後來，又想立她做皇后。這事遭到很多老臣的反對。武則天私下拉攏了一批官員，這些人對高宗說：「這是陛下家裏的事，別人管不著。」唐高宗這才下了決心，把原來的王皇后廢了，讓武則天當上了皇后。武則天當了皇后以後，使出果斷、潑辣的手段，把那些反對她的老臣一個個降職、流放，連長孫無忌也被逼自殺。

高宗體弱多病，六六〇年，武則天受高宗的委託處理朝政。武則天有了權，漸漸地不把高宗放在眼裏。高宗不甘大權旁落，就跟宰相上官儀商量要把武則天廢了。這事被武則天知道了，立刻下了道命令，把上官儀殺了。從此以後，大小政事，都要由武則天點了頭才算數。

六八三年，高宗病逝，武則天先後把兩個兒子立為皇帝，即中宗李顯和睿宗李旦，但兩個兒子都不中她的意。她把中宗廢了，把睿宗軟禁起來，自己以太后名義臨朝執政。這一來，又遭到一些大臣和宗室的反對。徐敬業在揚州起兵反對武則天。武則天找宰相裴炎商量，裴炎說：「只要太后把政權還給皇帝，徐敬業的叛亂自然會平息。」武則天認為裴炎跟徐敬業一樣，都想逼她下臺，一氣之下，就把裴炎打進監牢，又派大將帶領三十萬大軍平息了徐敬業的反叛。接著，有兩個唐朝宗室——越王李貞和琅琊王李沖起兵反對武則天，也被武則天派兵鎮壓了。

經過這兩場小小的兵變，沒有人再敢反對武則天。武則天鞏固了她的統治，就不滿足於太后執政的地位了。有個和尚猜到了太后的心思，偽造了一部佛經，獻給武則天。那部佛經裏說，武則天本是彌勒佛投胎到人世來的：佛祖派她下凡，就是要讓她代替唐朝皇帝統治天下。六九〇年，武則天改唐國號為周，自己成為中國歷史上惟一的女皇帝。

武則天為鞏固自己的政治權力，使用酷吏，殘酷鎮壓唐宗室貴戚，殺害了大批唐臣。但她善於使用不同的人才，任用了許多中下層地主出身的官吏，同時賞罰都很嚴厲，不稱職便立即罷免或殺戮，對忠正有才的人便委以重任。大權由自己掌握，明察善斷，頗能聽諫。而對自己親信的人則嚴加控制，不許他們攬權。所以她所任用的宰相和邊將都是當時的上乘人選，後來唐玄宗開元年間所用的一些名臣，也有不少是武則天當初選拔出來的。

儘管帝位改姓，朝臣大批更換，她卻在自己統治的半個世紀裏，鞏固了貞觀時期所取得的成就，使國力一直不斷上升。武則天在八十二歲時死去，在去世前傳位給唐中宗，把政權又還給了李家。武則天在唐高宗死後為其樹碑立傳，為什麼在自己死後所葬陵前僅有碑而不立傳呢？一千多年以來，人們對此猜測不已，成為皇陵建築史上的一大疑案。以致明代皇陵中，除孝陵與長陵外，其他各皇帝因多無建樹，無功可錄，且荒淫無度、無能，故多仿立無字碑。

為什麼女皇帝要別出心裁，給自己立一無字碑呢？有人認為，武則天立「無字碑」，是用以誇耀自己的無量功德，表示自己功蓋南山，其高功大德非文字所能表達，取《論語》中「民無德而名焉」之意，故立「無字碑」。事實也的確如此。武則天從西元六五五年做皇后開始，參與和掌握最高權力達五十年。若從唐高宗死時算起，獨自執政廿一年；自西元六九〇年改唐為周至死，也長達十五年之多。她在政治上扶植新興地主階級，打擊豪門世族，鞏固了唐王朝；在經濟上獎勵農桑，興修水利，整頓田制，減輕徭役，發展生產；在用人上虛心納諫，知人善任，破格用人；在軍事上加強邊防，緩和周邊關係，重視各民族之間的交往。諸如此類，確實表現出她非凡的政治才能，因此她承前啟後，既發展了「貞觀之治」，又為「開元盛世」提供了基礎，其治世功績的確是巨大的。

同時，也有人提出相反的看法，認為武則天立「無字碑」是因為自知罪孽深重，感到還是不寫碑文為好。在她當政期間，她培養黨羽，任用酷吏，違法濫刑，消除異己，擅立朝制，在恢復「安西四鎮」後又相繼喪失，經濟發展處於唐初馬鞍形的最低潮等，尤其是有人按封建正統論的觀念來評價她，認為她改李唐為武周，愧對祖先，罪大惡極，故她自然難以立碑記過述罪。

還有人認為，武則天有自知之明，立「無字碑」係其遺言，是留待後人來評價她的功過是非，即「己之功過，由後人評定」。也有人認為，武則天根本就沒有遺言立「無字碑」，而是中宗李顯認為母皇功名蓋世，故立無字碑，以盡其孝，以樹其威。

也有少數人認為，武則天雖然與唐高宗合葬，但事實上她確曾君臨天下，改唐為周，樹碑刻字，是稱皇帝還是皇后，都難落筆，權衡再三，還是立「無字碑」更為恰當。還有人認為，武則天是女的，在特別輕視婦女的傳統社會中，又由於武則天的罪孽，根本就不值得立碑流傳後代，她墓前的「無字碑」是後來的好事者加立的。

不過，「無字碑」現已名不符實，本來無字的碑上，自宋金以後被人刻遍了題記。在《金石萃編》中收乾陵無字碑上的題字十三段，其中有金天會十三年（西元一一三五年）的「大金皇弟都統經略郎君行記」的題記，是用罕見的女真文字鐫刻的，旁邊並有漢字譯文。從碑文得知，乾陵在金天會年間曾經過一次大的修繕。然而大金皇弟是為何人，碑文不詳。《郎君行記》碑文，是乾陵極為重要的題記，雖經千年風雨剝蝕，至今仍可辨認。

武則天陵前的「無字碑」為後代出了難題，一千多年以來，人們眾說紛紜，至今仍難斷其故，此「無字碑」遂成諸多歷史懸案之一。

憤而削髮的皇后——烏拉那拉之謎

烏拉那拉皇后（？～一七六六），烏拉那拉氏，佐領那爾布之女，嫁弘曆為側福晉，乾隆二年（一七三七）封嫻妃，進貴妃。孝賢皇后死後，冊為皇后。乾隆三十年，隨皇帝南巡，因與乾隆生隙，憤而剪髮，次年卒於北京。其性情剛烈，對乾隆的多情屢次嘮叨，致使乾隆對之生厭。卒後僅以貴妃儀葬之。生二子一女，女早夭。

乾隆的正妻富察氏死後，烏拉那拉氏被立為皇后，她小乾隆皇帝七歲。大約在十三四歲時經選秀女中選，當時乾隆皇帝尚在藩邸為皇子，是雍正皇帝賜之為側室福晉。弘曆即位後，於乾隆二年舉行冊立后妃典禮時，年方二十歲的烏拉那拉氏被冊封為嫻妃。由於她的溫柔賢慧，頗受皇太后鈕祜祿氏的喜愛，乾隆十年十一月奉懿旨晉為嫻貴妃，對她的溫柔婉順大加褒獎。

和出生顯貴之家的富察氏不同，其父那爾布只官至佐領，家道並不富有，和滿洲勳貴們相比，也不引人注目。那拉氏是一個頗有心計的女人，她身材嬌小，體態文弱，舉止穩重，言語婉轉，在和太后的言談應對中，總是流露出一種天然的恭順之情。現在，富察氏既然去世，皇太后決定將那拉氏作為乾隆第二位皇后。太后是這樣想的，資歷深的妃嬪和乾隆處的時間長，知道乾隆的脾氣，瞭解他的喜好，肯定比一般女子更懂得怎樣去撫慰他。而且，這些資深妃嬪和自己當年一樣，服侍皇帝一二十年，任勞任怨，勤勤懇懇，也有功於皇家，應當酬勞。既然要從資深妃嬪中選立皇后，當然要從當年雍正帝賜給乾隆的幾個妃子中挑選，最符合這些條件的就是那拉氏了。就這樣，身為側福晉的那拉氏被皇太后選中了。

烏拉那拉氏入主東宮以後，生活並沒有因此而幸福多少。在中國封建社會裏，生活在帝王之家，誰都會有伴君如伴虎之感。而一朝得罪於君王，即使是身為尊貴的皇后也無法掌握自己的命運。終於有一天，乾隆三十年高宗一次南巡途中，烏拉那拉皇后不知何故觸怒了皇上，被先期送回京師，幽繫深宮，不久便淒慘地死去了。

在那拉皇后病死十餘年後，乾隆皇帝才在群臣中披露了皇后生前曾經「自行削髮」，原因是「精神失常，跡類瘋迷」。於是，民間開始盛傳清宮中有一位「削髮皇后」。令人不解的是，既然皇后削髮，為大清國俗所不容，那拉氏為什麼悍然不顧，做出如此有悖常理的事情？又是什麼原因竟使皇后患了「瘋迷」之症，使乾隆皇帝對她恩斷義絕，幾乎要廢掉她呢？由於宮禁森嚴，宮闈之事秘而不宣，所以至今仍是一個謎。

關於乾隆夫妻在杭州反目一事，官書極為忌諱，對其前後經歷，不加任何記述，所以史學界至今沒有發現詳細可靠的原始記載（**大概也不可能發現**），但以下兩點是確切無疑的：

第一，這次南巡開始以前，乾隆與皇后那拉氏之間就已經出現隔閡，到江蘇、浙江一帶，乾隆對皇后的表現尤為不滿，帝后關係已經趨於緊張。三十一年（一七六六年）七月，乾隆回憶此事說：「去年春天，朕恭奉皇太后巡幸江浙地區，正玩得高興的時候，皇后性忽改常，在皇太后面前，不能恭盡孝道，到了杭州，她的所作所為尤其違背正理，舉動竟與發瘋無異。」這段話清楚表明：在南巡到江蘇、浙江時，乾隆就已經感到那拉氏對自己不夠恭順，說她在皇太后面前不能恭盡孝道不過是託辭罷了。

第二，在杭州，乾隆和那拉氏曾發生過激烈爭吵，以致夫妻反目，那拉氏極度絕望，竟要剪髮出家。對皇后剪髮一事，乾隆最初避而不言，只是責其「跡類瘋迷」，十餘年後，因謠言迭出，乾隆才將此事真相部分公開，他說：「那拉氏本朕青宮時（即為皇子時）皇考所賜側室福晉，孝賢皇后崩後，循序進皇貴妃，越三年，立為后，其後自獲過愆，朕優容如故。國俗忌剪髮，而竟悍然不顧，然朕猶曲予包容，不行廢斥。」然而，乾隆沒有說明那拉氏的「過愆」是什麼，為什麼會突然剪髮。

民間關於皇后斷髮的傳說大同小異，乾隆南巡到杭州後，縱情聲色，甚至微服出遊，深夜不歸，皇后那拉氏出於愛君之心，多次苦諫都沒有效果，反而備遭斥辱，在極度憤怒和絕望之下，竟剪髮出家。也有人認為那拉氏並沒有離開杭州，而是在杭州某寺廟中為尼，青燈古佛，度其餘生。因那拉氏有剪髮之事，故民間往往稱其為「無髮國母」。

對於皇后削髮的緣由，野史有幾個版本的說法。其一是乾隆三十年閏二月，皇上率領後宮佳麗、皇子王孫及王公大臣等奉皇太后鈕祜祿氏巡幸江南一節，遂造就出這次萬歲爺在車駕抵杭州時，皇上在飽覽了西子湖畔的美景之後，又想到蘇杭二州歷來為出美女的地方，何不也去領略一番？遂喬裝打扮，僅帶兩名心腹太監微服私訪，登岸閒遊。不料此事卻被隨駕南巡的烏拉那拉皇后知曉，便到皇上面前涕泣諫止，懇請皇上以國事為重，龍體為要，不要在外眠花臥柳，有失體統。然而，乾隆皇帝哪裡聽得這些逆耳之言，遂大為光火，責罵皇后患了瘋病，命人將其先期送回京師，然後打入冷宮幽繫起來。也有的說烏拉皇后被廢之後已經心灰意冷，看破紅塵，不肯回宮，便斷然自行削髮為尼，入杭州某寺中修行去了，從此青燈古佛，晨鐘暮鼓，伴其終生。

為人們茶餘飯後津津樂道的還有《清宮奇案》中的「乾隆休妻」的故事。在這個故事中，將烏拉皇后描述為是一位本性耿直、端莊美貌的女子，入宮後雖貴為皇后，但極盡婦職，對乾隆皇帝的風流不羈自然時有約束。由於烏拉皇后對皇上的規勸出自愛護，使之也無話可說。在宮中既然難以為所欲為，便借奉母出遊巡幸江南之機，以便追蜂逐蝶，擺脫宮禁約束。因此，乾隆皇帝自然不願時時管束自己的皇后留在身邊，故皇后幾次奏請隨駕同行，以便在太后膝下承歡盡職，但乾隆皇帝均未允准。皇上啟駕那天，皇后不再請旨，便自行令宮女收拾停當，便以恭侍皇太后南巡以盡兒婦孝心為由，自登太后鳳舸，一同下江南去了。

由於扈駕出巡的王公大員、侍衛太監及宮妃等人員極多，太后鳳舸又行使在前，而皇帝的龍舟又殿後，因此乾隆帝並不知皇后已隨同前來。這支龐大而氣派的皇家船隊，一路之上，彩旗招展，鼓樂喧天，前擁後扈，浩浩蕩蕩，順大運河南下。及至濟南（其實乾隆皇帝至孝賢皇后喪事後從未入濟南城）地方，乾隆聽侍臣說濟南風光宜人，街市十分繁華，不亞於江南水鄉，於是立即傳旨泊岸，登陸觀光。為了不引人注目，乾隆僅攜太監數人微服出行。在飽覽了濟南的山光秀色之後，這位風流天子竟步入青樓楚館，到那些俏麗的絲竹女子中尋歡作樂。繼之，一些侍臣為討得主子的歡心，竟然挑選了幾十名「夜渡娘」引到龍舟上為皇上吹打彈拉，輕歌曼舞。乾隆皇帝一邊欣賞歌舞，一面開懷暢飲，好不快活。

這日至黃昏時分，龍舟上的陣陣絲竹樂曲之聲仍不絕於耳。烏拉那拉皇后悶坐舟中越聽越氣，遂回至鳳舸之中，奮筆疾書一道諫章，談古論今，痛陳利害。寫就之後，雙手捧著登上龍舟，但此時夜已深，這裏的宴樂也偃旗息鼓，皇上業已安寢。那拉皇后在這夜闌人靜之時，猛一抬頭，但見桅杆上紅燈高懸，心中不由得一驚。因為清宮規制，有紅燈高懸，是皇上已召幸妃嬪侍寢的標誌。而皇后主內政，攝六宮，清楚地知道並未召幸某位妃嬪，況又在出行途中，何故有紅燈高挑？其中必有隱秘。

想到這裏，那拉皇后真是又急又氣，也就顧不得內監的勸阻，徑直闖到皇上臥榻之處。而此時正在擁妓而眠的乾隆皇帝聽得外面有喧鬧聲也一時驚起，只見皇后未經通稟旨准便來到榻前，頓時惱羞成怒，大發雷霆，反誣皇后忤逆，並急喚內監侍衛：「皇后賤人，深夜入內，無內監傳達，其欲圖謀不軌，著火速拉出，嚴懲不貸！」可憐那拉皇后聞言跪倒在地，聲淚俱下，仍苦苦哀求看在多年夫妻的面上，請皇上看過諫章再行發落。皇上無奈，便恨恨地從皇后手中一把奪過諫章。不看則已，這一看更是怒火中燒，大罵皇后「大膽賤人，竟比朕為貪戀酒色的隋煬昏君」。遂將諫章撕得粉碎，並朝皇后劈頭蓋臉打去。

此時此刻，那拉皇后見皇上如此絕情，已悲痛欲絕，但仍跪地爬行，拚命抱住皇上一條腿，苦苦哀求，請皇上息怒，聽她把話說完。但盛怒中的乾隆皇帝哪裡還聽得進她的話，一面痛罵，還一腳將皇后踹出好遠。此時內監奉命一擁而上，將皇后拖拽出去。那拉皇后遭此辱罵加拳腳之苦，滿心委屈。次日崇慶皇太后對兒媳的痛苦非但不理解，反聽皇上一面之詞，也責備皇后失禮，只勸皇后暫居行宮，待皇上氣消後再回京師。至此，那拉皇后已完全絕望了。她不願再見到負心的君王，也不願再受深宮精神上的折磨，情願在此地落髮為尼，苦度餘生。

有的人從生理學的角度分析，那拉皇后發病削髮時年屆四十七歲，正處於更年期，而身為皇后，上有太后、皇上需要處處盡禮，周到服侍，下有眾多後宮佳麗需要周旋調教，整日束縛在嚴格的禮儀之中，抑鬱的情緒得不到發洩，此時倘遇到一些不盡人意的事情，便易引起情緒過激之舉，甚至一時失去理智，做出削髮這類觸犯宮規的事情。而作為夫君的皇上非但不予理解、勸導和撫慰，反而見責斥罵迫令回宮等寡情寡義的做法，使之病情加重，最後危及生命，中年傷逝。說到底，那拉皇后的削髮之舉根源在於她的生活遭遇和剛烈的性格。

讓我們再回到她剛剛榮升皇后的那個年代。

在立那拉氏為皇后之前，乾隆並沒有怎麼注意到她，當然他不止一次聽到太后讚揚那拉氏溫柔和順。遺憾的是，自己對這個當年的側福晉並沒有太深的印象，儘管她跟隨自己這麼多年，可在內心深處，好似一個陌生的女人。不過乾隆不敢公開抗拒母后的決定，還是遵命將其立為皇后。那拉氏被冊立皇后兩年後生皇十二子、十八年生皇五女，二十年生皇十三子。在不到五年的時間裏連生三個子女，說明乾隆皇帝與這第二位皇后的感情還是不錯的。可惜的是，三個子女中除十三子活到廿五歲已經成年外，另一子一女俱幼殤。

至少從外表來看，在那拉氏被冊立為皇后的數年中，他們夫妻二人關係融洽，顯得頗為相親相愛。每當乾隆出巡外地，他都帶著這位皇后，不時與其低語閒談，並給她一些她所喜好的美食與珍玩。十八年（一七五三年），那拉氏赴盤山，乾隆特令自己的親信大臣舒赫德為領侍衛內大臣管理內務府大臣隨往。不久，江蘇河水氾濫，大批百姓受災，乾隆令舒赫德前往辦理河務，又特改派阿里袞暫代舒赫德之職，專程赴盤山，以保證皇后出巡萬無一失。而那拉氏對自己來之不易的中宮之位備加珍惜，她想方設法討皇太后、皇帝的歡心，仔細回憶當初孝賢皇后的一舉一動，潛心效法，力圖使自己也能像富察氏那樣贏得妃嬪的尊重。

她是一個極為聰慧的女人，她知道，乾隆過去對自己並沒有多少感情，自己能當上皇后，純粹源於自己較深的資歷，「循序漸進」，尤其是皇太后的賞識，而不是「愛選色升」，即源於皇帝的特殊寵愛或姣好出眾的美色。但自己既然成了皇后，就要恪盡為妻之道，至少不辜負太后對自己的信任與希望。乾隆母子都酷好巡幸，那拉氏在平時就默默地為他們準備好各種日常衣物、用具，而在巡幸途中，更不離太后左右，不時攙扶，預備餐飲，有時還給太后講個笑話，使其開心。遇到太后身體略有不適，更朝晚侍候，親進湯藥。

可是，這並不說明乾隆對那拉氏的感情達到了很深的地步，在皇帝的心裏，她僅僅就是一個普通至極的嬪妃而已，不但不能跟已故皇后相比，就是那些嫵媚俏麗的妃子也比她更讓乾隆動心。更重要的是，乾隆對富察氏一刻也不能忘懷，相反，這種思念之情與日俱增。多少次，他在夢中與富察氏相會，多少次他暗自期待，眼前這個女人不是那拉氏，而是早已亡故的孝賢皇后。他開始對那拉氏感到厭煩和反感，他總習慣於用富察氏的長處去與那拉氏的短處相比較，愈是比較，對那拉氏就愈加反感，愈是反感，思念之情就愈加深摯，對自己的婚姻也就愈加失望。

自從乾隆二十年生下皇十三子以後，那拉氏就感到皇帝對自己在日益疏遠，女人的直覺告訴她：富察氏雖然死去多年，但其陰影猶存，乾隆對她仍一往情深。最令她感到痛苦的是：皇帝對自己的熱情和興趣正在轉移到別的妃嬪身上，像忻嬪、令妃這些從前遠不如自己的妃嬪，如今卻時來運轉，正變成皇帝心中的紅人，甚至連新近入宮的回部女子容嬪，也備受嬌寵。而自己，堂堂正正的大清帝國皇后，卻被冷落一邊，獨守空房，自己含辛茹苦，期盼、努力了一二十年才享受到的榮華富貴，正變得黯然失色，徒有其名。那拉氏感到傷心，感到失望，更感到幾分怨憤：自己對他一片癡情，他卻毫不珍惜，轉瞬之間，即棄自己如敝屣一般。

然而，她不敢將自己的痛苦與不平告訴任何人，太后對自己雖好，畢竟是六七十歲的人了，豈能管兒子、兒媳之間的宮闈私事？何況就是告訴她，也會招她斥責自己識見淺陋，自古帝王後宮三千人，當今皇上只有妃嬪幾十人，你豈能責備他好色好淫？說他不寵幸你，那只能怨自己無德無能，不招皇上喜愛。如果告訴太后說，皇上對自己態度冷淡，太后也不見得就會為自己說話，就算她因此勸誡乾隆幾句，乾隆回過頭來就會怪罪自己，最終倒楣的還是你那拉氏。她更不敢將自己的悲哀告訴手下傭人或與自己相好的妃嬪，後宮之中，到處都是皇上的耳目，自己的一舉一動，豈能逃過皇上的眼睛！而且，皇后這一位置，正被多少人盯著，萬一出個差錯，自己半生心血豈不全被毀掉！

那拉氏思前慮後，始終想不出一個使乾隆重新寵愛自己的辦法，這個時期，那拉氏正處於女人一生的特殊階段，即從中年向老年過渡，生理與心理的變化，都使她的性格變得敏感多疑，易急易怒，而乾隆生活上日漸豪奢淫靡，對她的態度冷淡疏遠，無疑大大加重了她的心理負擔，使她經常神經緊張，疑懼交集，憂心忡忡，徹夜難眠。

終於有一天，在乾隆南巡途中，兩人的矛盾爆發了。乾隆皇帝在位期間，國家處於相對「升平」時期，國庫充盈，為皇上的南巡北狩創造了條件。而每次出行，自然要攜后妃陪侍身邊。尤其奉皇太后出巡，更少不得后妃皇子王孫的扈從，既滿足太后盡享天倫之樂，也顯示皇家的威風和氣派。乾隆三十年二月，新春剛過，萬歲爺又決定奉母出巡江南，此次出巡，隨王伴駕的除皇后烏拉那拉氏，還有令貴妃、慶妃、容嬪（即回妃）、永常在、寧常在六人，以及大臣侍衛千餘人。途中，乾隆皇帝的奢靡和墮落，對其他女人的恩寵，對自己的冷淡，終於使皇后那拉氏忍無可忍。對自己失寵的哀憤，作為皇后的莊嚴責任感，都促使她鼓足勇氣，進行最後的抗爭。在她心靈深處，還抱著一絲希望；也許，皇上會因自己的直言進諫而猛然醒悟，也許，他會體會到自己的一片愛君之忱，也許，自己還會有重新受寵的機會，與皇上過真誠相親相愛的生活，到那時，自己將勸說皇上整理內宮，專注於國事，使大清帝國的基業更加鞏固。但是她錯了，皇帝聽了她的勸阻直言，大發雷霆，而那拉皇后萬念俱灰，毅然將長髮刷刷地剪下！

乾隆皇帝回到京師，本欲以那拉氏有病為由而廢之。但此議引起朝中文武大臣的反對和抵制，有的不惜丟掉烏紗帽和性命，用「死諫」來保皇后。刑部侍郎覺羅阿永阿上疏力諫皇上不可廢皇后，結果阿永阿被罷官去職並罰戍黑龍江，後來老死邊陲。乾隆皇帝雖然處置了幾位諫阻廢后的大臣，仍阻止不了廷臣的反對和議論，所以只好保留皇后的名號，但也不過名存實亡。因為此後在事情發生不足三個月的時間裏，皇上就下令將烏拉那拉皇后的夾紙冊寶四份全部收回，即皇后一份、皇貴妃一份、嫻貴妃一份、嫻妃一份，實際上等於將皇后進宮以來所有冊封全行銷毀。六月，又欽點大學士傅恆為正使、協辦大學士為副使，持節冊封令貴妃魏佳氏為皇貴妃，實際上由這位皇貴妃取代了皇后的位置。而前皇后則被徹底打入冷宮。

乾隆三十一年七月十四日，正當乾隆皇帝率領眾妃嬪、皇子皇孫及王公大臣等在承德木蘭圍場追逐獐（野鹿）、飛禽走獸，興高采烈的時候，烏拉那拉皇后卻淒淒慘慘，病逝於清冷的深宮之中，走完了她不滿五旬的人生旅途。當皇后病逝的噩耗傳到承德的時候，正在興頭上的萬歲爺並沒有什麼哀痛的表示，他並未停止遊獵，亦未趕回京師籌辦皇后喪事，僅打發皇后所生親子回京料理後事。看來他對那拉皇后已無半點感情可言了。不僅如此，他還命令對她以皇貴妃禮安葬，不許她永遠擁有單獨的地宮，她的棺槨是寄存在純惠皇貴妃蘇佳氏的地宮中，當然更無碑記勒石，每年的祭辰及清明、中元、冬至、歲暮這些重大的祭日均不享祭，更不要說配享宗廟了。人們不禁要問：以「椒房之尊」的中宮皇后喪葬祭祀為何如此簡略？死後又何由僅以皇貴妃禮降等安葬？如此大事與孝賢皇后相比相差懸殊，怎能不引起朝野譁然？而且還有官員為諫爭皇后喪禮而丟了性命？也許這些答案都關係到乾隆皇帝隱秘的私生活，所以秘而不宣。

縱觀乾隆的一生，在他周圍雖然不乏女性，可是他的家庭生活並不幸福。三十多歲的時候，與他心心相印的孝賢皇后去世，所生愛子夭亡，對其打擊之沉重可想而知，中年喪妻亡子對任何人來說，都是人生的一大不幸。而繼孝賢皇后之後，在乾隆的生活中，竟沒有再出現一個他所傾心相愛的女人，未能重新開始和諧、美滿的生活，對真摯愛情的絕望，使他進一步沉湎於物欲之中，從而導致他的生活方式發生巨大的變化，這一變化不但給當時處於深宮中的另一個女人那拉皇后帶來了巨大的痛苦，進而發生剪髮這樣一個驚世駭俗之舉，而且促成當時政治風氣的轉變，官僚們紛紛效法皇帝，窮奢極欲，貪污腐敗公行，從而加快了大清王朝的盛衰之變。

叱吒風雲的太后

蕭綽之謎

蕭太后（九五三～一〇〇九）名綽，字燕燕，遼景宗皇后。其子耶律隆緒即位後，尊之為皇太后。其心胸廣闊，學識不凡，輔佐聖宗處理朝中政務，為契丹的興旺起了極為重要的作用。

中國的封建社會，絕對是以男性為中心，留給女性的參政天地小的可憐，然而就在這可憐的小天地裏，遼國的蕭太后卻施展了她的驚人才華，創造了遼帝國的輝煌。她憑什麼擺脫了重重的桎梏，獲得了和男性相同的權力和地位呢？

蕭綽，在戲劇故事中又稱作蕭銀宗，她是遼國北院樞密使兼北府宰相蕭思溫的女兒。蕭思溫為遼太宗耶律德光的女婿，他雖係契丹貴族，卻是個深諳漢族文化真諦的大臣。此人精通儒家經典，持家十分嚴格。一次，蕭思溫讓他的幾個女兒打掃房間，只有燕燕做得最為認真。思溫高興地說：「此女必能成家！」由於父親的嚴格要求和良好的家庭環境，蕭綽從小就受到正規的教育，不僅通曉文墨，熟知禮節，而且工於心計，處事果斷精明。

本來父母想把蕭綽嫁給出身望族的韓德讓，他們二人也很有緣分。韓德讓自幼博覽群書，頗有治國平天下之志。於是，滿腹經綸的韓德讓就成了駙馬爺蕭思溫的忘年之交，時時過府同蕭思溫談論經天緯地之道。韓德讓在政治方面的見地，常常令蕭綽大開眼界，兩人的心逐漸接近起來。

但是命運卻對蕭綽做出了截然不同的另一種安排。應曆十九年（西元九六九年），遼穆宗在懷州（今內蒙古巴林左旗西北索不力嘎）行宮被近侍殺死，蕭思溫與大臣高勳等果斷地決定擁立耶律賢即位。為防萬一，蕭思溫一方面封鎖穆宗遇刺身亡的消息，另一方面派高勳連夜趕往耶律賢的寢帳，請其火速到懷州行宮奔喪，以便捷足先登，即位柩前。在藩邸舊臣的協助下，耶律賢很快就從宮衛中拉起一支五百人的隊伍，連夜奔向懷州。黎明時分，耶律賢帶來的五百鐵騎已經把懷州行宮圍得水泄不通。對穆宗的哭祭就此開始：一身縞素的耶律賢呼天搶地，攬屍痛哭，幾乎不能自持。耶律賢即位柩前，改應曆十九年為保寧元年（九六九年）。

遼保寧元年（九六九年）三月，遼景宗耶律賢在回到上京後，對擁立有功的諸臣加官晉爵、大肆封賞。對於在擁立中起了決定性作用的駙馬蕭思溫，究竟該如何酬謝其功呢？景宗深知僅僅任命蕭思溫為北院樞密使兼北府宰相是遠遠不夠的，世宗一系能重新掌權，全靠駙馬的運籌幃幄、當機立斷，只有讓蕭氏的骨肉同坐江山才足以酬其功。

雖然景宗在藩邸已經娶妻，但他還是決定把皇后的桂冠賜予蕭思溫之女——尚未出閣的蕭綽，並於該年四月封她為貴妃。蕭綽與遼景宗耶律賢的婚姻純粹是一種政治聯姻。在遼景宗看來，這是對擁立者駙馬蕭思溫的酬謝；而對蕭綽來說，她實際是嫁給了遼帝國，如果耶律賢不是在一個偶然的機會入承大統，她和他根本不可能結為夫妻。

蕭綽聰慧機敏，善解人意，很得新帝的歡心，不久就被冊立為皇后，蕭思溫也被加尚書令，晉封為魏王，成為遼國的新貴人物。這樣一來，引起了功臣貴戚的強烈不滿，他們趁蕭思溫隨同景宗打獵的機會，派人把他刺死。這次突如其來的災禍，對蕭綽的刺激很大，她不僅看到了宦海的無情，也深感朝堂之下隱藏著險惡。她進一步感到自立自強的重要，決心依靠有利地位和實力，牢牢站穩腳跟，進而影響景宗，為未來營造一個新的天地。

乾亨四年（西元九八二年）九月，遼景宗病逝於焦山（今內蒙古豐鎮縣南）行在所，年僅三十五歲。景宗遺詔：「梁王隆緒嗣位，軍國大事聽皇后命。」蕭綽扶立十二歲的兒子耶律隆緒在景宗靈柩前即位，是為昭聖皇帝。十二歲的小皇帝顯然只是擺設，而被尊為「承天皇太后」的蕭綽正式走向權力的前臺，總攬軍國大政。

歷史上的蕭太后叱吒風雲四十年，但在戲劇舞臺上，這位威震中原、雄極一時的太后卻被描繪成一位糊塗得出奇的國母，竟然把女兒鐵鏡公主下嫁給身分不明的戰俘——化名為木易的楊四郎。十幾年後，當宋遼交戰、佘太君統兵抵達邊關時，木易駙馬為能見母一面，才向鐵鏡公主說明自己的真實身分，孰料這位被欺騙十幾年的公主不僅毫無怨言，還從蕭太后那裏幫助駙馬盜出出關的令箭。木易駙馬因私自出關，暴露出他就是楊四郎，勃然大怒的蕭太后卻因鐵鏡公主的苦苦求情而最終赦免了楊四郎。

虛構的戲劇情節，畢竟不是歷史事實。不要說這位育有三位公主的蕭太后不曾有一位女兒名鐵鏡（或封號為鐵鏡），就是在遼代九位皇帝所生的三十五個女兒中，也不曾有鐵鏡公主其人。更何況，遼代駙馬主要在后族蕭氏家族中去物色。雖然在遼代中期有三位非蕭姓的漢人被招為駙馬，即遼景宗第四女的駙馬盧俊、遼聖宗第九女的駙馬劉三嘏、遼聖宗第十一女的駙馬劉四端，但以上三位駙馬都是幽燕一帶的望族，還沒有一個是被擒的宋軍戰俘。翻遍《遼吏・公主表》，也找不出一個叫木易的駙馬。蕭太后在給女兒選擇婚姻方面，有著很高的標準，三位公主全都嫁給了遼國貴族。

蕭太后的長女觀音，被封為燕國大公主，下嫁給蕭繼先。蕭繼先原本是蕭太后伯父胡魯古最小的兒子，因國丈蕭思溫乏子無嗣，過繼給蕭思溫為子，觀音實際是嫁給小舅，在當時的契丹，外甥女嫁給舅舅就像表兄妹結親一樣。蕭繼先自幼聰穎，深得蕭太后的鍾愛，故在遼景宗乾亨元年（宋太平興國四年，九七九年）被招為駙馬，在剛剛結束的大舉殲滅宋北伐軍的戰事中，蕭繼先多有斬獲，並因功拜北府宰相。

二女長壽，被封為魏國長公主，她的丈夫蕭排押是蕭太后堂侄蕭撻凜的長子。蕭撻凜係胡魯古的長孫，遼統和初年，蕭撻凜及其子蕭排押均以能征善戰、屢建奇功而著稱。於是蕭太后在娘家堂侄蕭達凜的一再請求下，把次女許配侄孫蕭排押。所以，長壽公主實際是嫁給了自己的表侄。

幼女延壽公主，以知書達理、性格文靜而深得太后偏愛，被封為趙國公主。三公主的婚事也最讓蕭太后操心。在蕭家子孫中不乏驍勇善戰之輩，但要物色一個既有謀略又風流倜儻的後生卻如大海撈針。顯而易見，才貌雙全的三公主很難同一介武夫共話纏綿，幾經考查，蕭太后選中了蕭撻凜第三子蕭恆德。

蕭太后在三個兒子中最關注的是長子遼聖宗，在三個女兒中最偏愛幼女。愛女及婿，對駙馬亦格外關照，蕭恆德在征高麗凱旋後，賜號「啟聖竭力功臣」，而在從征烏實部落時，因其首倡大舉深入，致使遼軍長途跋涉，死傷甚眾，但因其是太后的愛婿，並未受到應有的處分。然而這個蕭恆德卻做出一件傷透太后心的醜事。三公主延壽生病，太后打發一名宮女去探望，三駙馬竟與此宮女私通，三公主因受此刺激而亡。蕭太后悲憤交加，怒不可遏，在盛怒之下處蕭恆德以死刑。

契丹由於蕭太后的努力，度過艱難的「中衰」，走向昌盛的「中興」，和平安定的局面長達一百二十年之久。更重要的是，契丹年年享受宋朝進貢的二十萬匹絹和十萬兩銀子，有了這些「補貼」，日子過得悠閒自在，遼國上下不能不感謝蕭綽。統和二十七年（宋大中祥符二年，西元一〇〇九年）十二月，這位傑出的契丹女政治家病逝於南巡行宮，終年五十六歲。遼聖宗將母親去世的消息告哀於宋真宗，宋廷特地派人前往弔慰。蕭太后歿後葬於乾陵（今遼寧北鎮醫巫閭山），統和二十八年，諡號曰「神聖宣獻皇后」。

親情與權力的較量

永泰公主之謎

永泰公主（?～七〇一），唐中宗之女，韋后所生。以郡主身分下嫁武延基。長安元年（七〇一），因武延基與邵王李重潤竊議張易之兄弟專政，遭武則天殺之。後追贈公主。

女皇武則天是一個天生的政治動物，她不能容忍任何人、包括她的親族對自己權威的挑戰，如果有人膽敢違逆，她必以殺手懲之。根據《資治通鑑》記載，高宗和武則天的孫女永泰公主與其夫武延基（**武則天之侄孫**）及其兄懿德太子李重潤等，由於不滿武則天的男寵張易之、張昌宗兄弟的胡作非為，私下議論，觸怒了武則天，所以招致殺身之禍，被逼令自殺。

可是，有人考釋一九六〇年九月出土的《永泰公主墓誌銘》後，竟發現永泰公主的死因與史書所說全然不同。從墓誌銘中「自蛟喪雄愕，鸞愁孤影，槐火未移，柏舟空泛」來看，是隱喻武延基被殺，永泰公主為他守寡而孤獨地生活著，並未同罹其害。墓誌銘還有一段有趣的文字，說：「（**永泰公主**）珠胎毀月，怨十里之無香，瓊萼調春，忿雙童之秘藥。弄玉簫聲，入彩雲而不返。嗚呼哀哉！以大足元年九月四日薨，春秋十有七。」這就清楚地告訴人們，永泰公主不是武則天直接害死的，而是由於懷孕患病致死。

還有人基本上接受對墓誌銘所做的考釋，但仍堅持傳統的觀點，認為造成永泰公主等死亡的首要原因是武則天的加害，而永泰公主懷孕患病則是次要原因。理由是什麼呢？

首先，史書記載武則天殺李重潤、永泰公主及武延基於「九月壬申」，即九月初三，這個時間僅僅比墓誌銘所記永泰公主死日「九月初四」早一天，因此永泰公主之死與李重潤、武延基的事很可能有直接的聯繫。

其次，儘管唐代律法中有孕婦犯罪可緩刑的規定，但不等於慣用刑殺的武則天對永泰公主免於處死，至多也只是緩刑而已。

第三，即使永泰公主未遭殺害，但是由於其夫被殺，她的精神必定受到沉重的打擊，故而出現小產，也有可能是武則天採取其他手段使她流產而喪生。

關於永泰公主的死因，說法種種，尚難判定。不過像武則天這樣的人，殺死自己的女兒都不眨眼，對自己的孫女兒就更不在乎了。人們大概還記得那個可憐的小公主，她在熟睡中被母親掐死，然後照樣蓋好被子，小孩彷彿睡著似的。不一會兒，高宗回來了，武則天裝作若無其事。高宗揭開被子，發現女兒已死，忙問武則天是怎麼回事。武則天先是一副吃驚的神態，然後就大聲地哭了起來。高宗見她不說話，就向宮女們詢問有沒有人來過，是誰害死了小公主？宮人們回答剛才皇后來過。高宗不知道這是武則天搞的詭計，便氣憤地說：「皇后殺死了我的女兒。」於是產生了廢掉王皇后、立武則天為皇后的念頭。像武則天這樣專制的人，心中摯愛的只有權力，對經歷過宮廷裏殘酷鬥爭的她而言，親情早已失去了吸引力。

支持還是反對——慈禧與改革之謎

慈禧太后（一八三五～一九〇八），葉赫那拉氏，滿洲正黃旗人，安徽寧池廣太道惠徵之女。咸豐元年（一八五一）入宮，封懿貴人，六年生子載淳（同治帝），進懿貴妃。同治即位後，與恭親王等密謀殺肅順，垂簾聽政。光緒即位後，仍聽政。光緒親政後，因無實權，發動戊戌政變，被其挫敗，將光緒囚於宮中。光緒二十一年，光緒卒，次日，慈禧亦卒。葬於東陵。

在眾多文學作品以及影視作品中，慈禧太后被描繪成一個兇殘頑固的保守派，正是她發動了戊戌政變，親手扼殺了百日維新。雖然是她廢止了新法，但是很多事情也反映出她對改革的態度不是抵制反對的，而是大力支持的。那麼把持著改革生死實權的慈禧，究竟是支持改革的，還是反對改革的？對此，眾多史家莫衷一是。

早在同治年間，她就支持恭親王引進洋務的做法，後來，在她的同意下，又有了曾國藩和李鴻章主持的轟轟烈烈的洋務運動，即使在戊戌變法之中，這一運動也並未中止。就說戊戌變法，沒有她的同意，憑光緒皇帝的膽識，恐難形成氣候。在這方面，歷史其實是留下許多記載的。

當時的一位大臣道：「我們推測太后之心，未必不願皇上能勵精圖治也，未必不願天下財富民強也。而且，變法當變不當變，在她的胸中，未必有什麼成見啊！」另一條史料載：「光緒戊戌政變的原因，每個人的說法都不一樣，其實則太后並無仇視新法之意。」

還有史料說，慈禧太后經常對光緒皇帝說，變法乃是她的素志。同治初年，她就採納了曾國藩的意見，派中國的學生出洋留學，造船製械，凡是圖富強、揚國威的事情，都可以變一變、實行一下。只是，如果我把大清人的衣服都改成日本人的樣子，初一、十五也不拜祖宗了，那不行，那是得罪祖宗，斷不可行。

這就是慈禧太后的所謂「祖宗之法不可變」。她不過要在變法中，希望能給祖宗留點面子而已。這就是她的「改革限度」。百日維新前，光緒皇帝到頤和園面見慈禧，慈禧對光緒說：她答應光緒在「不違背祖宗大法」的前提下，可以實行變法，這是政治改革方面的重大許諾。

慈禧太后沒有理由不支持變法。戊戌變法的直接起因，是中日甲午戰爭的失敗和後來的割地賠款，難道這對光緒皇帝是一件大事，對她慈禧太后就不是一個刺激？大清朝是光緒皇帝的江山，難道不也是她慈禧太后的江山？如果實行新政能使中國富強，使她的江山更加穩固，她幹嘛要排斥新政？甲午戰後，中國面臨被列強瓜分的危機，在失掉顯赫皇權的威脅面前，慈禧與列強之間的矛盾便異常尖銳起來。她不能不顧及她的面子、她的江山和她的雖然「退居二線」但卻實實在在存在的皇位。她想到了「自強」。

一次，她召見盛宣懷，盛宣懷談道：「在現在這個時代，要取得列強的真正幫助，斷做不到。只得講究自強，請皇太后還在自強上面打算。」慈禧太后說：「你說的甚是，必要做到自強。但是現在外國欺我太甚，我所以十分焦急。」她在後來同她的侍衛女官德齡也談道：「我希望我們中國將來會強大。」變法是自強之一途，為此，她同意變法。

然而，慈禧反對變法的證據，似乎也確確實實地存在著。她不是說了不願意讓光緒皇帝「坐此位」的話嗎？她不是在變法剛剛開始，就把人事和軍隊的大權操在自己手中了嗎？

讓我們分析一下她的言行，可以看出她的邏輯不是反對改革，而是反對削弱她的權力。改革剛剛開始的時候，慈禧太后由衷地希望，所有的改革都能為她的頭頂增添權力的光環。因此，她希望改革，給了光緒皇帝進行政治改革的許諾。她扼殺變法並不是她反對改革的證明，而是她太熱愛權力的例證。如果改革能增強她的權力，她為什麼不支持改革？而如果改革要削弱甚或消滅她的權力，她又怎能不反對改革？對她這種具有僵化的沉著，冷冰冰的權力邏輯和非人的堅強性格的人來說，改革不過是她的前台道具，權力才是她的生命之本。

那麼光緒皇帝是不是借著改革的旗號要挑戰她的頭號權威地位呢？情況看來就是這樣。

新法裡關於政治改革的方案是康有為制定的。要推行新法，就必須換上擁護新法的一干人馬，那麼他們是誰呢？按康有為的想法，他們是一些「熟悉西法的草莽之士」，換句話說，就是康有為等人。按康有為的設想，中央中樞的制度局下轄十二個分局，幾乎可以取代原來所有的中央權樞，體現了康有為急於掌管政府各級行政機構的願望。這麼明顯的動機，其改革背後的真實意圖又能瞞得住誰人？《戊戌履霜錄》的作者胡思敬曾一針見血地指出：「窺其隱謀，意在奪中央政府之權，一切權力歸制度局；奪中央六部之權，一切權力歸十二分局；奪地方督撫將軍之權，一切權力歸各地方民政局。這樣一來，則天子孤立於上，舉國上下都是康黨的私人啦！」

但是光緒對此是贊同的，他早就想拋棄這些老臣了，他們全部都是慈禧太后的人，對自己沒有半點忠心。可是掃除這些老臣，慈禧太后能答應嗎？隨著改革的進行，慈禧發現，改革不僅沒有給她的權力添彩，相反，越是改下去，越好像是在削弱她的權力。尤其是皇帝一會兒裁撤六部，一會兒撤職禮部六堂官，最後又任命了什麼軍機四章京。幾乎每一項人事變動，都顯示了光緒皇帝不斷膨脹的權力，這不是要造她老佛爺的反？政治高手慈禧怎麼可能主動繳械呢？發動政變是她最擅長的，再發動一次又何妨？

可見，在慈禧的心中，如果改革能夠增強她的權力，她就支持，如果改革觸犯了她的根本利益，要動搖她手中的大權，甚至要將她架空，那麼她絕對不會答應的，必然要使出殺手鐧來，不擇手段地讓權力重新回到自己的懷抱裡。

有拜有保庇

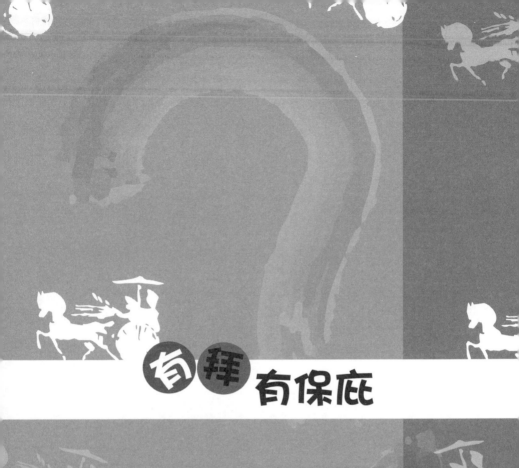

駕馭波濤的女神

媽祖之謎

媽祖，中國民間傳說中的女神。相傳其有保佑出海航行人員平安的神力，故在中國沿海一帶供有很多媽祖廟，香火很旺。至今在臺灣、新加坡等地依然信奉媽祖。

媽祖是宋代福建莆田湄州的一位傳奇式人物，後人尊稱為靈女、龍女、神女，被譽為中國「海神」。這位女神是什麼來歷呢？

相傳媽祖出生在北宋建隆元年（九六〇年）三月二十三日，是家中最小的女兒，從出世到滿月，不聞其哭聲，因此取名為默。父帷愨，諱願，五代閩時，任都巡檢（負責沿海治安巡邏的官員），母王氏，生一男六女。媽祖自幼聰明過人，八歲進私塾讀書，過目成誦，十歲信佛焚香念經，早晚不懈。十三歲時被老道士玄通認為「其具仙骨，應得渡人正果」，授以「玄微秘法」。十六歲領悟法中要旨，通靈變化，為人治病，被人尊稱為「通賢靈女」。

廿八歲時，即宋雍熙四年（九八七年）九月初九日，媽祖在一座山峰最高處，白日升天而去。神話傳說中的媽祖生得神異，一生未嫁，雖出身於仕宦之家，卻頗善於駕舟泅水，救急扶危，慈悲為懷，以行善濟世為己任。因此，世世代代受到沿海一帶漁民的愛戴與崇敬。

不過，有人認為媽祖並非都巡檢之女，而是民間巫女，並以史籍方志所記載的「以巫祝為事」、「妃為里中巫」來證明。也有人認為正史中並沒有媽祖父母的明確記載，媽祖實際上只是普通民女的神化，是後人為提高對神靈的尊崇，而把神的出身和血統高貴化糅合起來的結果。還有人主張媽祖後來被封為天妃、天后，實即為水神、地祇的代稱，她所具有的廣大神力，顯非普通女子所能，不必認為確有其人。按周立方先生的研究，媽祖其實只是個普通的女子，只是由於她心地善良、智慧超群、捨己救人、好行善事、無私奉獻的高貴品質，從而贏得人們普遍的愛戴尊崇。可以說，是封建統治的殘酷壓迫及社會的動亂不安，促使媽祖傳說逐漸地被美化、神化；另一方面，興化（莆田）地區文化發達以及宋代的奉道抑佛，再加上介於福州、泉州之間的湄州島嶼為海上要道，在這種文化背景下產生拯救海難、解人危厄的「海神」媽祖，也就不難理解了。

一方面，宋朝時，泉州、莆田航海十分發達，同時海上航行具有一定的危險性，媽祖信仰正是基於人們企求神靈保佑的安全心理應運而生，從而成為海上航行的保護神。另一方面，道教在宋朝曾一度占上風，道教中的陰陽學說認為「天屬陽，地屬陰，水在地上也屬陰」；又「男屬陽，女屬陰，水神應為女性才合適」，在這種陰陽學說思想的影響下，以拯救海難為懷的媽祖被人們稱為水神則成了自然而然的事情。此外，宋代朝廷順從民間信仰，以推行封建迷信這一「麻醉劑」而進一步統治人民，對原先只在莆田地區沿海建廟信仰的媽祖加予賜封，公開推廣開來。

特別是北宋宣和四年（一一二二年），路允迪奉使高麗安然返國之後，朝廷借莆田人李根向朝廷奏陳係媽祖顯靈相助之際，賜封媽祖順濟廟額，得以公開承認與推廣。此後，逐漸成為全國性的信仰。

除來自朝廷的不斷加封，達官顯貴與富豪的獻地立祠創廟外，船員、漁民和海商也對媽祖信仰的傳播起了很大作用。在科學不甚發達的當時，人們為了滿足精神上的需要，對神靈的寄託祈禱，基於媽祖是一位公認的海神，故船員、漁民、海商足跡所至，就會建造更多的媽祖宮廟，出現更多的媽祖信徒。如創建於元泰定三年（一三二六年）的天津天妃宮，後來竟成為全國三大天后宮之一。明代以來，媽祖信仰進一步向我國沿海地區，甚至傳播到海外各地，像美國西太平洋的檀香山、三藩市都建有媽祖宮廟。鄭和下西洋及鄭成功解放臺灣，作為媽祖信徒的大批船員也成了對外傳播的媒介。此外，地處海島的臺灣商人，也認為自己所取得的成就是海神保佑的結果，因之捐資興建天后宮，遂成風氣，越建越多，建築也越來越壯觀。

而且，媽祖作為中國海神得以迅速推廣的關鍵，在於封建王朝的褒封和上層人物的推崇。正如臺灣學者林明峪先生所說：「這種受帝王尊崇、上行下效的結果，使媽祖的信仰圈子更為擴展，造成更廣大的香火氣象，而無人不知不曉的局面的形成，實有賴於帝王的帶動作用。」從媽祖誕生的宋朝起，歷經元、明、清歷代帝王的多次褒封，媽祖從「夫人」、「天妃」、「天后」，直到「天上聖母」，並被列入國家祀典。如南宋王朝褒封媽祖尊號就達十四次之多。試想如果沒有封建統治者的極力推崇，怎麼能有如此大範圍的推廣。

旅居海外的華僑也是媽祖信仰向海外傳播的媒介。眾所周知，福建華僑要遠涉重洋到國外經商謀生，必然冒著生命危險，為了祈求旅途一帆風順，安全到達目的地，求得心理上的安慰成了他們共同的心聲，媽祖自然會成為他們航行途中的保護神。而一旦華僑發家致富後建廟祭祀媽祖，是理所當然的事情。特別是明清以來，我國沿海建立了眾多的媽祖宮廟，北到京、津、魯、江、浙、滬，南到廣東、海南，再加上華僑作為天然使者在海外無形中的傳播，使媽祖成為頗具世界影響的中國海神象徵。相傳明末莆人林北山從湄州祖廟請去媽祖神像，並在日本鹿兒島片浦安置下來，臺灣也在林氏宗祠旁設立五百多座媽祖廟。而馬來西亞的三十五座天后宮，時至今日，香火還很旺盛，一九八五年竣工的吉隆坡天后宮，更是富麗堂皇，堪為全馬來亞建築之冠。尤其是近幾年來，臺灣、港澳同胞、海外僑胞不遠萬里上湄州島朝聖行香、旅遊觀光，再次掀起了「媽祖熱」。總之，在遷居臺灣、日本乃至東南亞的人們的大力傳播下，媽祖信仰達到了登峰造極的地步。

「娘娘」究竟是男還是女？

觀音菩薩之謎

我國漢族寺廟中常供有四大菩薩：文殊師利、普賢、地藏、觀世音，佛經稱觀世音為大慈大悲菩薩，百千萬億眾生受苦受難，只要虔誠念誦其名，「觀世音菩薩即時觀其音聲，皆得解脫」，故名。在一般人的心裏，菩薩都被認為是男性，惟有一位觀音菩薩卻被稱為「娘娘」，這是為什麼？「娘娘」究竟是男是女？

按理說，既稱「娘娘」，那必定是個女人了。但是，據一些佛家經典介紹，觀音除了有六觀音、七觀音、三十三觀音等總體名稱外，在佛教中顯教一派裏還被認為是阿彌陀佛的弟子，而被密教一派當作阿彌陀佛左右的二脅士。顯然，不管是「弟子」還是「脅士」，都不是對女性的稱呼。目前比較流行的觀點認為，女相觀音造像約始於南北朝，盛於唐代以後。考察我國古代佛教壁畫，如尚存的敦煌壁畫，在那裏，北魏時期的觀音佛像容貌清秀，體格剛健，女相色彩極少。在從初唐到盛唐的壁畫裏，佛像漸趨「漢化」，穿上了微薄而透明的裙衫，臉龐也逐漸豐腴圓潤，顯得端莊富態。當時的人在刻畫佛像時明顯加入了較多女性美的特徵，但這時的觀音仍舊不是完全的女相。北宋《太平廣記》記載了一個故事，唐朝一位官員的妻子「無端為神所懾」，不省人事。宦官便請了一尊觀音菩薩來祈禱保佑。結果妻子夜裏夢見一個和尚前來搭救，即觀音菩薩。可見唐人是把觀音看作男性的。另外，觀音在宋代僧人法常畫的《觀音》絹圖裏，形象是大耳、面豐，略有髫鬚，肅穆寧靜，這分明是個男子的容貌。

當然，歷代以來也不乏觀音是女身的記載。據《編年通信》載，南山道宣禪師曾經問天神關於觀音的緣起問題，天神告訴他：「往昔過去刼有主曰莊嚴」，他的夫人叫作寶應，生有三個女兒，妙顏、妙音、妙善，觀音菩薩就是其中的三公主妙善。宋以後的觀音像大都是女相，宋僧壽涯禪師做《詠魚籃觀音》，描寫觀音的服飾時，就曾使用「金蘭茜裙」等，分明是女性裝扮用語。不過，有人竭力否定「女人說」。明代文學批評家胡應麟就很不屑於這個說法，他在《莊岳委談》中斥道：「今塑畫觀音者，無不做婦人相。考《宣和畫譜》，唐宋名手寫觀音甚多，俱不飾婦人冠服。」據他的觀點，唐代以前的觀音塑像都不是女性形象，元代僧人見識淺薄，才以為是「妙莊玉女」，十分可笑。但胡應麟並未追根溯源，考析佛家經典，僅是通過畫像辯解而已。

古代關於觀音的性別眾說紛紜，這便成了一樁懸而未解的「疑案」。當時的文學、雕塑、繪畫作品是如何解決這個問題的呢？神話小說《西遊記》中的觀音菩薩，開口「貧僧」，閉口「弟子」，儼然男子口吻；另一方面，作者吳承恩卻把觀音描述成「玉面天生喜，朱唇一點紅」，這還不夠，寫觀音的裝束是「瓔珞垂珠翠，香環結寶明，烏雲巧疊盤龍髻，繡帶輕飄彩風翎」，恍然是一位端麗的閨媛。他在十二回描寫觀音顯聖時，更直言讚嘆：「九霄華漢里，現出女真人。」就這樣，觀音被塑造為亦男亦女的形象，在吳承恩筆下一會兒男一會兒女，既有男子的口氣，又充滿女性魅力。這種「含糊」的手法，受到藝術家們廣泛的採納。近人馬駘在其《畫寶》書中，強調畫觀音法類同如來，似乎肯定了觀音性別特徵與如來無異。但他自己畫的觀音卻是鵝蛋臉、細長眉，黑髮披拂；頸帶項圈，胸襟半袒；腕套對鐲，雙手交叉倚靠溪畔岩石，十指纖細，這位《救苦救難菩薩》畫上的觀音不就是一個正在沉思的女真人麼？

觀音法力廣大頗有男性氣概，又心懷慈悲，普渡眾生，像慈愛的母親，其形象實在無法用男女來細分。不過，觀音形象女相化的特點，一直保留到今天的塑像上。於是，當人們興致勃勃地遊覽普陀山，或在香煙縈繞的觀音菩薩像前瞻仰時，仍然常常會產生這樣有趣的疑問：觀世音菩薩，究竟是男人還是女人？

追尋千年的涅槃

佛教傳入中國之謎

佛教與基督教、伊斯蘭教並稱為世界三大宗教。相傳在西元前六世紀至五世紀，由釋迦牟尼創制。其基本教理主張依經、律、論三藏，修持戒、定慧三學，以剔除煩惱得道成佛為目的。多數學者認為，佛教於西元前二世紀至西元二世紀傳入中國。

如果要說中國歷史上影響最大的宗教，那麼不能不提到佛教。來源於天竺古國的佛教，在中華大地上發揚光大，有名山，則有名剎，可見佛教在中國的興盛。但是作為世界三大宗教之一的佛教，到底是什麼時候傳入中國的呢？

《魏略・西戎傳》是曹魏時魚豢的著述，裏面提到西漢哀帝元壽元年（西元前二年），博士弟子景盧出使大月氏，月氏王使人口授《浮屠經》，這應該是最早記載佛教進入中國的可靠文獻了。但是這個說法並不是被大家普遍接受的，歷代都有人提出不同的觀點，認為佛教在更早些時候就已經傳入中國了。

劉宋時和尚宗炳認為：「劉向《列仙敘》，七十四人在佛經」，「如此即漢成、哀之間，已有經矣。」宗炳關於佛教傳入中國的看法，雖然沒有具體的年份，但比元壽元年早了很多了。他還指出「東方朔對漢武劫燒之說」，暗示似乎漢武帝已知道佛教的劫燒說。《魏書・釋老志》說漢武帝元狩中（前一二二年至前一一七年）遣霍去病討匈奴，獲其神人，帝以為大神，列於甘泉宮，燒香禮拜。這樣說的根據是偽作《漢武故事》。《釋老志》說，張騫出使大夏，始聞浮屠之教。它的根據是《史記・大宛傳》，證明漢武帝時佛教已入中國。

隋代費長房《歷代三寶記》把時間提得更早，認為西元前二一八年即秦始皇時就有利防等十八個和尚帶著佛經教化始皇。唐代和尚法琳認為此說的根據是三國時僧人道安、朱士行等的《經錄》，因而最有道理。

這些說法中最早的應該算晉代王嘉的《拾遺記》，認為戰國燕昭王七年（西元前三〇五年），就有身毒國道人尸羅入朝，荷錫持瓶，「於其指端出浮屠十層，高三尺」。但是這種說法事多詭怪，不足為憑。

然而佛教先秦傳入說還有其他一些人提起，比如前面提到的宗炳。他在《明佛論》中轉引西域名僧佛圖澄對石虎的一段話：「臨淄城中有古阿育王寺，猶有形像承露盤處，在深林巨樹之下，入地二十丈。」石虎依言求之，一一應驗。

但是宗炳的話的可信度是非常值得懷疑的。伯益述《山海經》有「天毒國（即天竺）之國，偎人而愛人」一語，當為如來佛的大慈之訓，就是宗炳說的。這樣一來，佛教在三皇五帝時就應該傳入中國了，顯然是無稽之談。

之所以會有很多人支持佛教先秦傳入說，不僅僅是一個學術問題，還有更深層次的原因。古來一些佛教徒為了爭得佛教的統治地位，一直在編造佛教始祖釋迦牟尼比道教始祖老子資格更老，佛教早已傳入中國的假話。

《對傅奕廢佛僧事》一書中就講到，周昭王二十四年（西元前九七七年）甲寅，發生水泛、地動、天色變異等象，太史蘇由說有聖人生於西方，故現此瑞，以此斷言為釋迦牟尼誕生之年。這本書的作者是唐代的和尚法琳，他的根據是偽書《周書異記》。像這樣的言論，就是典型的編造歷史的言論。

唐代另一個和尚道宣在《感應記》中說周穆王時有外人入華，云是佛神，佛教在西周時已傳入中國。他還退一步說，即使上說不能成立，那麼根據《列子・仲尼篇》「丘聞西方有聖人焉」，也說明孔子知道佛教。其實，《列子》本來就是魏晉人偽造的，即使此書中保存了先秦時代某些內容，那也只能當作寓言來看的。

上面關於佛教傳入中國的說法五花八門，有些甚至動機就不純，本身不是為了學術目的。然而佛教的傳入，在中國文化史上是意義非常重大的事，到底它是什麼時候傳入中國的，哪種說法更接近歷史真相，不能不成為人們十分關心的問題。

佛教自漢明帝永平年間傳入，是在學術界比較流行的說法。東漢時出現的《四十二章經序》裏，有這種說法的最早記載。具體說到「東漢明帝夜夢金人飛行殿庭，明日問於群臣。太史傅毅說：西方有得道者，其名號佛，陛下所夢恐怕就是他。於是，明帝派人去西域，訪求佛道，在大月氏國遇見沙門迦葉摩騰、竺法蘭兩人，並得佛像經卷，用白馬馱回洛陽，明帝遂為他們建立精舍白馬寺」。

感夢遣使的說法，畢竟神話色彩過於濃厚，人們對這種說法仍然持有一定的懷疑態度。而且除此之外，還有很多地方存有疑惑。首先，關於漢明帝的求法年代，說法不一。西晉道士王浮《老子化胡經》做永平七年感夢遣使，十八年乃還。南北朝時出現的偽書《漢法本內傳》做永平三年感夢遣使。其餘各家大都不記年代。第二，使者的問題說法不一。《化胡經》做「張騫等」，《四十二章經序》及東漢末牟融《理惑論》做「張騫、秦景、王遵等」，南齊王琰《冥祥記》做「蔡愔」，另外幾家乾脆不載使者名字。漢明帝是東漢時的皇帝，如何能派遣西漢時的張騫呢？第三，佛典的翻譯問題。王浮說「寫經六十萬五千言」；《四十二章經序》及《理惑論》只說寫取佛教四十二章，譯事及譯人都沒有說；《冥祥記》只說畫釋迦像；《出三藏記集・新集經記錄》只說「於月支國遇沙門竺摩騰，譯寫此經還洛陽」，未提竺法蘭；《高僧傳》、《釋老志》等說法也很模糊，一直到隋代，在《歷代三寶記》一書中才具體說騰、蘭共譯《四十二章經》，並成為後來傳說的張本。

從上面的分析不難看出，東漢明帝求取佛經的說法疑點重重。漢明帝是否有求法事？摩騰、竺法蘭是否實有其人？《四十二章經》是否漢代所譯，是譯本抑或抄本？《理惑論》是否漢代所撰，撰者是否牟融？研究佛教的歷史學家對這些疑問都不能得出明確的結論，究竟佛教什麼時候傳入中國，看來還有待於進一步的研究。

最執著的追求

玄奘之謎

玄奘，生卒不詳，俗稱唐僧，為唐代著名高僧。其篤信佛教，立志往西天取經。在歷經千難萬險之後，往印度取回真經並譯出經、論七十五部，凡一三三五卷。其西域取經的故事在中國民間流傳頗廣，小說《西遊記》亦是取材於此。

提到西天取經，大家首先想到的是《西遊記》中的唐僧，這部奇特瑰麗的小說讓唐僧師徒名滿天下，而唐僧的原型就是唐代初年的僧——玄奘大法師。玄奘自幼聰慧，家裏人讓他研習佛法，而玄奘在鑽研佛學的過程中，發現很多佛經晦澀艱深，令人費解，有的殘缺不全，讓人不知所云，還有的佛經矛盾迭出，這就給學佛的人帶來很大的困惑。出現這些問題的原因正在於翻譯的品質上，因為當時通曉梵文的學者很少，譯經者水準參差不齊。因此，玄奘下定決心結束這種混亂局面，而要想從根本上解決這一問題，必須探本溯源，求得真經。就這樣，年輕豪放的玄奘立下雄心壯志，踏上了遙遠的西行取經之路。

由於玄奘法師的貢獻和名聲，所以很多人都認為他是「西天」取經的第一人，實際上歷史事實是怎樣的呢？

在玄奘之前，東晉高僧法顯就曾經前往天竺取經。法顯（三三七～四二二）在中國佛教的早期發展史上，是有很大作用和影響的一位高僧。東晉隆安三年（西元三九九年），他同慧景、道整等四名僧人從長安出發，沿著張騫開闢的絲綢之路，前往天竺取經。途中法顯又遇到了智嚴、寶雲等五名僧人，遂結伴同行。他們經過了濁浪滔天的流沙河，越過蔥嶺，來到高昌國（今新疆吐魯番境內），由於受不了路途之苦，其中幾個同伴打了退堂鼓。經過一番生死跋涉，最後到達天竺的只剩下法顯與道整二人。兩人在中天竺的摩訶衍寺居住期間，研習了《薩婆多眾律》、《雜阿毗曇心經》等。

法顯不愧是一位不畏艱險的人，他的海外旅行一共用去十四年時間，到過三十多個國家，艱辛的勞動為他帶來了巨大的收穫，由他翻譯的《摩訶僧祇律》是世界上僅存的佛教大眾部系統兩種律之一。他還把自己的親身經歷寫進了《歷遊天竺記傳》，成為我國最早的陸海交通詳細記錄。

還有人認為，法顯也不是西天取經的第一人，早在三國時期，僧人朱士行就曾到天竺取經。朱士行在講習此經時，發現了漢譯本的不少問題。如刪略過多，脈絡模糊，語焉不詳，甚至出現前後矛盾，這給僧人的學習帶來許多困難。為了更好地理解佛經，朱士行決心西行尋找大本梵文真經重新翻譯。他從長安動身，一路上以太陽辨別方向，以途中人獸的屍骨為路標，勇敢地前進著，最後來到大乘經典的集中地于闐國，取得了一部《放光若》的梵本。朱士行一字一句地抄錄下來，可是當地人卻不讓他帶走。直到西晉太康三年（西元二八二年），才由其弟子把這部抄本悄悄帶回洛陽。朱士行的取經才算圓滿結束。雖然他最終沒有到達佛教的聖地天竺，但是他畢竟是西去求經的開先河者，這個功勞是不能埋沒的。

假如說朱士行算不上真正意義的「西天」取經，那麼至少法顯大師比玄奘法師更早地來到了天竺國求取真經。儘管玄奘不是去西天取經的第一人，卻是最出名的一個，而他當年取經過程中所遇到的種種磨難，卻不是《西遊記》中所描述的那樣驚險，一路上有苦有甜，不乏輕鬆愉悅，很有跌宕起伏的趣味。

玄奘第一次向政府請求去天竺求法的時候並沒有得到許可。因為唐朝初始階段，國力還不算強盛，國家也不太平，從穩定政權的角度考慮，朝廷嚴禁僧俗出國。玄奘沒辦法，只好暫留京城，不過也好，可以先行鞏固梵文梵語，為日後取經做好充分的準備。就這樣過了幾年，朝廷還是沒有同意的意思，玄奘有些等不及了。貞觀三年（西元六二九年）八月，玄奘決定違禁出國。為了籌集路費，他在蘭州設壇講經，吸引了大量聽眾。許多西域商人得知玄奘有去天竺取經的意圖後，有的慷慨解囊，重金相贈，有的提供路線資訊，有的告知注意事項和聯絡方法等。玄奘終於出發了。但他不久在一座寺院裏看到了朝廷要捉拿他的公文，這樣白天趕路是不可能了，只好星夜兼程。最驚險的一幕出現在玉門關外，玄奘被邊防部隊發現，差點被兵士用箭射死。

穿過乾旱的沙漠，玄奘來到高昌國裏。在這裏，他為國王講經說法，受到極其尊貴的禮遇。

國王誠懇地希望他留居本國，並要讓全國人民都做其弟子，但玄奘婉言拒絕。國王沒有強迫他，就派一個小型部隊攜帶綾帛五百匹，書信廿四封，將玄奘安全護送至突厥葉護的牙所。當時，大雪山以北六十多個國家都是高昌國的屬國，大家看在高昌國王的面子上為玄奘西行大開方便之門，於是順利來到了「睹貨羅」，這裏氣候溫和，花果繁茂，是西行路上最美妙的一段旅程。後來的路又充滿了艱辛，那是七百多里地的雪山路段。玄奘克服了寒冷、雪崩、狂風、迷路等一連串巨大困難，到了濫波國，由此開始進入天竺國北境，從此豁然開朗，玄奘加快腳步，順利到達了「西天」取經的目的地——天竺佛教界的最高學府那爛陀寺。

這個寺院大氣磅礴，名僧雲集，名聞天下的戒賢大法師為當時的大主持，雖然已經一百多歲，但仍然身心健碩。玄奘還沒有來到天竺的時候，他的大名就已在天竺不脛而走，現在人到了，那爛陀寺當然不能怠慢，戒賢法師親自組織了隆重的佛教儀式，歡迎這位來自東土大唐的高僧。兩大高僧彼此互相敬仰，大有相見恨晚之感。

玄奘在天竺國經過十五年的艱辛學習，已經達到了西行的目的。如今他已經名滿天下，所以在歸國途中，沿途僧俗和各國官員為其提供了不少方便。唐貞觀十九年（西元六四五年）正月，玄奘回到了長安，長安數十萬百姓像迎接英雄一樣來歡迎這位取經的名僧。太宗皇帝欣然地接見了玄奘，為他接風洗塵。玄奘以其非凡的學問事功和高尚的道德人品，感動了唐太宗，太宗兩次勸其入世歸俗，參與政事，結果都被婉言謝絕。

玄奘的「西天」之旅長達十六年，這十六年是一個人一生中精力最旺盛的時期。玄奘沒有辜負自己，他圓滿地完成了自己的心願。他帶回佛經六百五十七部，為歷代西行僧人取經之冠。玄奘心胸極為開闊，他不慕榮華，不貪權勢，始終如一地潛心講經、論道、翻譯，在以後十九年的時間裏，他組織大量有才華的人進行翻譯工作，共譯出佛經七十五部，計一三三五卷。玄奘法師博大精深的學問和對華文梵文的精通，使佛經翻譯的品質大大超過了前代，被奉為佛學範本，為佛教在中國的弘揚做出了傑出貢獻。

古人心中的女神

西王母嬗變之謎

西王母是中國古代神話傳說中的女神。西王母最早的形象是「狀如其人，豹尾虎齒，善嘯」的可怕模樣，後來在民眾的心中，她逐漸變成了儀態雍容，關愛眾生的慈母形象。再後來，西王母進入了道教的神仙譜系，被列為「七聖」之一。

王母娘娘是中國道教神仙譜系裏很受崇奉的一位女仙，她經常出現在許多神話傳說裏。神話縱然縹緲，卻不是憑空捏造的，裏面的人物是人們根據一定的社會生活基礎創作出來的。有趣的是，在不同的時期，傳說中西王母的形象也迥然不同。

據說，西王母原是掌管災疫和刑罰的怪神，後來在流傳過程中逐漸女性化與溫和化，而成為年老慈祥的女神。相傳王母住在崑崙山的瑤池，園裏種有蟠桃，食之可長生不老。

根據古書《山海經》的描寫：「西王母其狀如人，豹尾虎齒，善嘯，蓬髮戴勝，是司天之厲及五殘。」意思好像是說：西王母的外形像人，長著一條像豹子那樣的尾巴，一口老虎那樣的牙齒，很會用高頻率的聲音吼叫。滿頭亂髮，還戴著一頂方形帽子。是上天派來負責傳佈病毒和各種災難的神。可見外形很恐怖，而且是位散發災疫的煞神！他住在「崑崙之丘」的絕頂之上，有三隻叫作「青鳥」的巨型猛禽，每天替他叼來食物和日用品。《山海經》記載的西王母想想都有些嚇人，與後世傳說中的西王母幾乎不可同日而語。所以，學者們據其「蓬髮戴勝、虎齒豹尾、善嘯」的形象特點，推斷西王母是古代西北少數民族氏族集團的圖騰。西王母半人半獸的怪模樣，可能源於我國古代的動物崇拜和圖騰崇拜。古人崇拜虎豹等猛獸，西王母部族大概將虎、豹作為圖騰神保護自己的部族。

但是，到了《穆天子傳》裏，西王母的言行卻成了一位溫文儒雅的女性統治者。當周穆王乘坐由造父駕馭的八駿周遊天下，西巡到了崑崙山區，他拿出白圭玄璧等玉器去拜見西王母。第二天，穆王在瑤池宴請西王母，兩人都唱了一些詩句相互祝福。宴後，周穆王認為應紀念這次難得的會見，他登上崦嵫山頂，立「西王母之山」石碑而返。

這樣，《穆天子傳》中的西王母完全改變了恐怖嚇人的模樣，變成了一位面容姣好且有學問的女神。她儀態萬方，待人接物無可挑剔，堪稱神仙族中的女才子。後來的《漢武帝內傳》也稱其為容貌絕世的女神，並賜漢武帝三千年結一次果的蟠桃。而道教在每年的三月初三定為王母娘娘的誕辰，並於此日盛會，俗稱蟠桃盛會。著名神魔小說《西遊記》中也有對蟠桃會的描寫，不過裏面的王母娘娘，似與玉皇大帝非夫妻關係，也不臣屬靈霄殿。她在西方瑤池自成體系，渾然是女界領袖。她的最重要工作就是籌備和主持一年一度的天界蟠桃大會。

據說，西王母手中掌握著長生不死的靈丹妙藥，凡人食之，便可得道成仙。《淮南子》稱：

「（后）羿請不死之藥於西王母，未及服之，嫦娥盜食之得仙，奔入月中為月精也。」原來天神羿謫居下界，他和妻子嫦娥成了凡人，他深感對不住妻子，便與嫦娥商議：「天上等級森嚴，在人間倒也逍遙自在。不過凡人終將一死，若要長生，就必須渡弱水，翻火山，登上崑崙，去向西王母求取不死靈藥。」

西王母原來住在西方玉山的山頂洞穴裏，有三隻紅腦袋、黑眼睛的青鳥輪番外出給她尋找食物，她長著老虎的牙齒、豹子的尾巴，披頭散髮，卻佩戴玉簪，每當晨昏，踞於山頭狂嘶猛吼。她掌管天災、瘟疫、刑罰，也煉製、收藏不死靈藥。黃帝退隱九重天外，西王母便遷居崑崙山，那時的她已化身為雍容華貴、儀態端莊的貴夫人。

崑崙山下有弱水環繞，弱水非但不能載舟，一片鳥羽落下亦會沉沒。弱水外又有炎火之山，山上的火焰晝夜不息。羿憑著蓋世神力、超人意志，越過炎山、弱水，攀上一萬三千一百一十三步二尺六寸高的懸崖峭壁，在崑崙山巔的宮殿裏拜見了西王母。

西王母欽佩羿的作為，同情羿的遭遇，取藥慷慨相贈：「不死藥是用不死樹結的不死果煉製的。不死樹三千年開一次花，三千年結一次果，煉製成藥又需三千年。我收藏的藥丸僅剩一顆了，兩人分享俱可長生不老，一人獨食即能升天成仙。」可是，嫦娥經受不住天堂生活的誘惑，趁羿夜出狩獵，獨自吞下了藥丸，結果輕飄飄地飛向了冷清的月宮。

後來，西王母進入了道教的神仙譜系。《列仙全集》說：「西王母，即龜台金母也，以西華至妙之氣，化而生於伊川，姓緱（一作楊），諱回，字婉齡，一字太虛，配位四方，與東王公共理二氣，調成天地，陶鈞萬品，凡上天下地女子之登仙得道者，咸所隸焉。」《雲笈七籤》稱她的職能是「下治崑崙，上治北斗」。因此道家將西王母列為「七聖」之一，頂禮膜拜。她那端莊的容貌就此定型，成為惟一模式的造像了。王母娘娘在臺灣影響很大，她是所有民間信仰中組織最嚴密、系統最單一、服飾最統一的一支龐大的信仰系統。

兩千多年裏，經過原始神話、傳說和後來人不斷地加工，創造，王母娘娘的形象發生了巨大的嬗變。西王母的形象為何發生了這麼大的變化？這個問題至今還是民俗學的一個未解之謎。

剃度的真龍天子

唐宣宗出家之謎

唐宣宗（八一〇～八五九）李忱，唐憲宗第十三子。始封光王，會昌六年（八四六），即位。在位期間，大復佛寺，討吐蕃、回鶻，國家邊境漸安。外安而內不靖，其間藩鎮割據，烽煙不斷。大中十三年，卒。廟號宣宗，葬於貞陵。

皇帝貴為封建王朝的九五之尊，享盡人間富貴，和尚則是佛門齋戒的苦行僧，吃百家施捨，這看來完全是兩個風馬牛不相及的角色，可是歷史上常常有二者之間緊密聯繫的例子。在佛教風行的封建王朝，有出身和尚爾後當上皇帝的，如朱元璋、李自成；也有皇帝出家當和尚的，如幾次捨身佛寺的南朝梁武帝蕭衍和傳說中到五臺山出家的清朝順治皇帝福臨，總之，和尚與皇帝是很有點緣分的，這些大都見自史書，家喻戶曉。可是也有存疑一千餘年，鮮為人知的，這就是唐朝倒數第四個皇帝，號稱是「中興聖主」的唐宣宗李忱。

唐宣宗當過和尚嗎？這件事官修的新、舊唐書上都沒有記載。但唐末若干記述唐宣宗舊事的稗史，如韋昭度《續皇王寶運錄》、尉遲偓《中朝故事》、令狐澄《貞陵遺事》，都有詳細敘述。

唐宣宗是唐憲宗李純的小兒子，因為很有才能，遭到他那兩個做皇帝的侄兒唐文宗、唐武宗的妒忌，唐武宗登基後，還千方百計想害死他。據說，武宗曾經「密令中常侍四人擒宣宗於永巷，幽之數日，沉於宮廁」，因為宦官仇公武可憐宣宗：「乃奏武宗曰：『前者王子，不宜久於宮廁誅之。』武宗曰：『唯唯。』」仇公武扶出宣宗，讓軍士拿糞土雜物掩護，帶回家偷偷保護起來。李忱在長安難以安身，於是喬裝為四方遊僧，逃出宮門，最後在浙江鹽官（今海寧）雪鎮國海昌院（安國寺，俗稱北寺）當了一個小沙彌，該寺方丈齊安還替他取名為瓊俊。幾年後，唐武宗病死，李忱返京當上了皇帝，他不忘師傅恩德，就給齊安賜以悟空國師的謚號，並大興土木，將禪院擴建，取名為齊豐寺。北宋期間，齊豐寺經常維修，為此常有樹碑立傳記事：其中時有觸及唐宣宗舊事：「初，宣宗逃難出奔，落髮為比丘，遍參諸方，獨器許於鹽官和尚。」故事延至明朝，仍流傳不絕，「唐宣宗龍潛寄跡」，並記有齊安和宣宗的故事，凡此等等，似乎李忱的確在海昌院當過小和尚。

宣宗的確在鹽官（海寧）待了幾年，事後民間自必有種種說法，據康熙《海寧縣誌》，齊安為唐末一代宗師，以前也是「帝子」，自幼落髮為僧，蘇軾任杭州太守時，遨遊海昌院，憑弔舊跡。有一首七絕來說齊安故事：「已將世界等微塵，空裏浮花夢裏身；豈為龍顏更分別，只應天眼識天人。」分明點明了齊安在主持海昌禪院間，已清楚小沙彌瓊俊的身分，對他格外青睞。李忱與齊安密切，緣來深遠，所以明人有「若海昌得旨於齊安，瓊俊契心於黃蘗」之說。

李忱和當時高僧黃蘗禪師的關係也很親密，黃蘗禪師「嘗為鹽官首座在殿上禮佛，時宣宗為沙彌，問曰：『不著佛求，不著法求，不著僧求，長老禮佛何所求？』蘗曰：『不著佛求，不著法求，不著僧求，常禮如是事。』」宣宗問佛法十分認真虔誠，於是後來即隨黃蘗隱居皖南涇水。民國《海寧州志稿》還為齊安、黃蘗做傳，著意記述了唐宣宗做和尚的故事。一九三六年七月七日浙江《東南日報》以《海湧浪為郭，江橫王繫腰》為題，再次重申唐宣宗做和尚確有其事。只是安國寺早已毀滅，無從尋蹤訪古了。李忱如何做上皇帝的呢？安徽地方誌也有記載。據說李忱後來被關入縣獄，命人將自己所繪的扇面送往長安，上面寫有「朝廷若問江南事，報導風光在水西」（**風光是李忱的小字**），「有司見而恭迎太子入朝，值武宗將崩，即位號宣宗」。

唐宣宗有否當過和尚有可能是僧徒的一種傳說。當時唐武宗李炎大舉滅佛，毀壞寺廟，勒令僧尼還俗，人們因此對佛教很反感。而李忱剛登龍座，就改革武宗做法，崇敬佛教，推廣寺廟更不遺餘力，再對照他微賤時的行為，很難否認他沒有出家。因此近百年間，民間盛行的京劇《紅鬃烈馬》、《平貴回窯》、《大登殿》，寫的主角薛平貴，乃是由叫花子入繼皇位，實則就是唐宣宗的寫照。

從正史的記載來看，《資治通鑑》中有：「怡（**唐宣宗原名李怡**）幼時，宮中皆以為不慧。太和以後，蓋自韜匿，群居遊處。」這其中隱情，原來是諱莫如深；雖然司馬光持筆謹慎，從傳統史學「為尊者諱」出發，排斥《中朝故事》等所記唐宣宗為僧的傳說，認為此類事「鄙妄無稽」，但仍編入另冊「考異」，足見這位大學者也抱有懷疑態度。他的意思也無非是讓後代去思辨、認識罷了。

尊崇與篤信

十七位帝后出家之謎

在我國歷史上，有不少皇親貴族都篤信佛教，遁入空門的尊貴帝后也不乏其人。最著名的出家皇帝當是清朝的順治皇帝福臨，而中國惟一的女皇帝武則天也曾經有過一段為尼的經歷。然而，像北朝中後期那樣，百餘年間竟有帝后十七人出宮為尼，實在是佛教歷史上絕無僅有的現象。

佛教自東漢明帝時開始傳入洛陽，漢末曹魏時期在河南地區初步傳播，西晉十六國時期迅速傳播和興盛，至北魏臻於極盛。當年拓跋珪在舅舅慕容垂的幫助下，復建了代國，又改代為魏，成了北魏王朝的創始人，後又在與舅舅的爭鬥中好不容易取得了上風，便又揮師南下，去侵略燕趙之地了。燕趙為中原發達地區，人情山水的風貌自然迥異於拓跋氏的大漠草原。最讓拓跋珪感到驚訝的是他所看到的一座座結構奇特的屋宇，進出於屋宇穿戴奇異的男女，和這些男女嘴裏唱出的一種聞所未聞的歌曲。他很好奇，於是向人打聽那些房子和男女是做什麼的。人家告訴他，房子叫寺廟，那些男女叫和尚或尼姑，那種歌曲叫梵音。於是拓跋珪就讓人去要了幾本佛教經籍看了起來。

拓跋珪閱讀的是哪些經書，史無記載，但不外乎是《四十二章經》、《般若道行經》和《華嚴經》等幾部。回到平城後，他對佛教的興趣越來越濃，「時時旁求」，廣交僧友。他聽說有個叫朗的高僧和徒弟一起隱居在泰山的一個山谷裏，就又是遣使問好，又是寫信請教，還送給他們許多財物。如此禮遇，可以說是異乎尋常的。

聰明敏銳的拓跋珪在閱讀佛經的過程中感覺到，這種宗教完全可以用來慰撫長年遭受戰爭鐵蹄踐踏而怨氣日重的草民百姓，對他的治國平天下大有好處。於是在第二年頒佈了崇揚佛道的詔書：「夫佛法之興，其來遠矣。濟益之功，冥及存沒。神蹤遺軌，信可依憑。」一面在京城帶頭「建飾容範，修整宮舍」，讓佛教徒有所居處。同年又築造五級佛塔，別建講堂、禪堂及沙門座，正規寺廟裏所需要的一切，莫不儼具焉。

拓跋珪就這樣為北魏開了崇佛之風。其駕崩後，兒子拓跋嗣即位。他完全繼承了父業，拓跋嗣在位十四五年，大力弘揚佛法，進一步在京邑四周建造寺廟，讓沙門宣講佛義，「輔導民俗」。正是由於他們父子兩人的大力宣導，「阿彌陀佛」的禮贊之聲才得以在草原上空響起。由於北朝各帝崇尚佛教，使寺院大量興建，僧尼空前增多。北魏時，國都洛陽有寺一三六七所，江北整個地區有寺三萬餘所，出家僧尼達二百餘萬人。與此同時，這些佛教寺院都擁有大量的土地、佔有很多勞動力，僧侶不事生產，卻享有門閥世族地主階層的特權；他們通過出租或役使依附農民，經營商業，發放高利貸等，剝削廣大勞動人民，聚斂了巨額財富。

北朝各代統治者，包括皇帝、貴族和世族官僚都崇信佛教，天竺（印度）僧人佛圖澄、鳩摩羅什先後被北朝石虎和前秦苻堅尊為國師。據史書記載，北魏遞傳十五主（連同西魏），幾乎每位皇帝均在宣導，且主譯經、造寺及刻像之事。如文成帝下詔復興佛法，天下承風。大同雲崗石窟，成古今無比之偉觀。

孝文帝於洛陽城南伊闕龍門山之斷崖分刻六龕，其佛最高達一百三十尺，全山造像一四二二八九尊。共有造像記及題刻三六八〇品，元魏時代造像記有三百品，題名為二百品，成為我國文化遺產中最為珍貴者。宣武景明元年詔營石窟，至正光四年六月，用工八〇二三六六個。

文明皇太后、馮氏、宣武皇后高氏、孝明皇后胡氏、恭帝皇后若干氏及西魏文皇后乙佛氏在長安出家；宣武靈皇后胡氏更明言為佛法而出家為尼。其時洛陽西域僧人不下三千；宣武帝造永明寺，最多時居外國沙門三千餘人。當時文人學士亦多崇佛；致使寺廟僧人快速發展。置身於這樣的大背景，北朝十七位帝后的出宮為尼，也不是那麼奇怪了。

曹文桂先生研究了相關史籍後，發現北朝十七帝后為尼的原因是極其多樣的，大致可以歸納為五類。首先是因為健康的緣故，寺庵的環境極有利於染病在身的帝后身體康復；其次是，有的帝后在爭寵的角逐中，由於失寵而被逐出宮為尼；再次是因皇位更迭或王朝易代而淪為犧牲品的，對這些失敗的帝后來說，尼姑庵實在是一個很好的去處；第四類是幼主嗣位後兩宮爭權的失敗者；最後則是入寺尋求政治避難的。北朝中後期，寺院勢力在統治階級的扶植下發展迅速，僧尼人數眾多，佛寺遍及全國，其中不少佛寺即為最高統治者出資所建，這些御立寺庵皆窮極奢麗，收容帝后為尼最多的瑤光寺還有大量供后妃役使的宮女。所以這裏名為寺院，實際上是帝后優遊享樂的另一處別宮，被廢黜的帝后只是失去了名分之尊，其實在物質生活上與宮內差異不大。所以，北朝帝后為尼並不比在皇宮時受委屈，與被貶入冷宮相比，不但精神上沒有壓力，物質上更是一種優待。

死亡筆記本

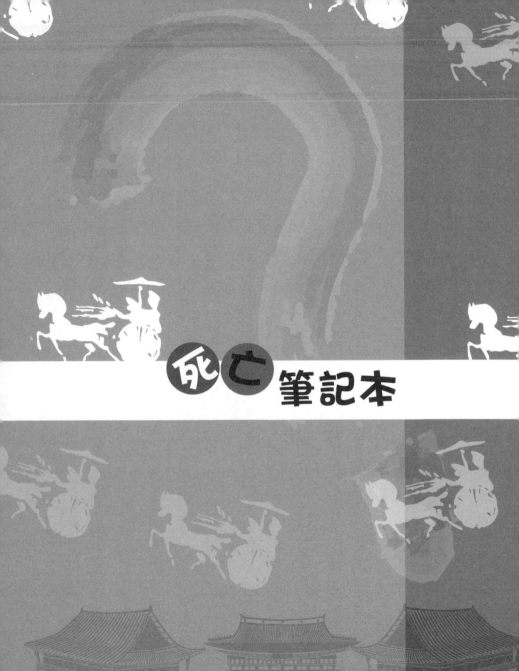

善良的代價——慈安死因之謎

慈安太后（一八三七～一八八一），鈕鈷祿氏，滿洲鑲黃旗人，廣西古江道穆楊阿之女，事咸豐帝於即帝前。咸豐二年（一八五二）封貞嬪，進貞貴妃，立為皇后。同治帝即位後，尊為皇太后，與慈禧太后一同垂簾聽政。光緒七年（一八八一）三月，逝於宮中。其性情溫和，心地善良，雖位在慈禧之上，卻從不驕縱。葬於普祥峪，稱定東陵。

光緒七年三月，清宮中又發生了一件震動朝野的事件。這年的三月初十日，東宮太后慈安鈕鈷祿氏突然暴逝於寢宮。慈安死的蹊蹺。慈安死時只有四十五歲。她的身體一向很好，非常健康，這是宮內外一致公認的。慈安死的前一天，也就是三月初九日，東太后只是感到身體略微有些不適，經皇宮太醫檢查，患了輕微的感冒，並沒有其他特殊的病狀。

第二天，慈安仍然上了早朝。見到她的官員們後來回憶說，東太后面色怡和，不像有病的樣子。但是當天的下午，慈安就突然死去了。輕微的感冒，不會在廿四小時之後致人於死命，這是最一般的醫學常識。慈安患病後的診治過程，也一反常規，疑點甚多。

按照清朝的制度，皇帝或皇后有病，在傳喚太醫診治之前，必先通知軍機大臣和御前大臣，了解此事，預做安排。御醫開出的藥方，也要先交給軍機大臣及御前大臣過目，然後按照清廷慣例，像太后這樣重要的皇室成員，應該按方施治，以求慎重。然而，慈安從初九日患病以後，相繼請了五位太醫診治，都未按慣例事先通知任何一位軍機或御前大臣；所開出的藥方，也都是在慈安死後才予公布的。初十日中午，也就是慈安死前不久的一張處方，只述明病狀，卻未將給病人吃了何種藥寫出來。而給東太后治過病的太醫們，誰都說不清楚鈕鈷祿氏到底死於何病。死後的處理，也顯得格外簡單和神秘。清代皇后病逝，依慣例，應在將遺體裝殮入棺的時候，要派翰林院的官員輪班看視。但是慈安入殮時，並未通知翰林院，僅令內務府及有關親屬到慈安寢宮略微瞻視後，即匆匆裝入棺材。慈安死後遺容，也只有極少數幾個人見過。

這些疑點給慈安之死蒙上了一層隱秘的面紗，當時社會上確實流傳著各種各樣的關於慈禧（一八三五～一九〇八）害死慈安的說法，其中的許多情節明顯是人們杜撰出來的。不過慈安的死，在清廷內外，只對慈禧一人最為有利。做過清朝末代皇帝的溥儀，在《我的前半生》一書中這樣寫道：

「咸豐去世前就是擔心懿貴妃將來母以子貴，做了太后會恃尊跋扈。那時皇后（即慈安太后）必不是她的對手，因此特意留下一道硃諭，授權皇后，可以在必要的時候制裁她。生於侯門而毫無社會閱歷的慈安，有一次無意中把這件事向慈禧洩露出來。慈禧從此下盡功夫向慈安討好，慈安竟被她哄弄得終於當她的面前燒掉了咸豐的遺詔。過了不久，東太后就暴卒宮中。有的說是吃了慈禧送去的點心，有的說喝了慈禧親手做的什麼湯。」

從上面溥儀的那段話中也可以清楚地看到，慈安的存在，對於慈禧的獨攬朝政，始終起著極大的牽制和障礙作用。雖然是東太后與西太后共同垂簾，但朝中大事多取決於慈禧。對後宮的控制與管理，情況也大致如此。

慈安娘家姓鈕鈷祿氏，她是廣西右江道道員穆揚阿的女兒，很小的時候就進入宮中，後來被封為貞嬪，以後又晉為貞貴妃。慈安比慈禧小兩歲。咸豐為皇子時，被封為側福晉。不久文宗即位，嫡福晉病逝。咸豐二年二月以慈安的溫柔賢淑封為貞妃，五月晉貞貴妃，六月便立為皇后，統攝六宮，主內廷，時年僅十六歲。慈安雖年輕，但為人端莊謙和，頗有長者之風。這年十月，文宗咸豐皇帝特命大學士裕成為正使，禮部尚書奕湘為副使，持節賚冊寶舉行了隆重的冊立禮。

慈安美而賢，文宗生前頗敬重之。文宗雖好逸樂，嘗夜宴，皇后多婉言規勸，帝「未嘗不從」。而外省軍報及廷臣奏疏皇上有擱置時，凡后一言相勸，帝「未嘗不立即省覽」。而遇妃嬪因失禮遭責時，亦多賴皇后周旋調停，而「旋蒙恩眷」。

慈安被冊立為皇后時，慈禧還只不過是一個貴妃。直到咸豐去世，慈禧的兒子載淳即了帝位，她才母以子貴，冊封為皇太后。在等級森嚴的封建社會，慈禧與慈安的這種在名分和地位上的差距，將永遠存在。因於封建的禮法與規條，慈禧的行動要受到慈安束縛，重大的問題，都應該向慈安請示，無形中，慈安給慈禧造成了精神上和政治上的巨大壓力。

事實上，兩人之間的明爭暗鬥，就從來沒有停止過。咸豐皇帝剛剛去世，兩人就在咸豐的靈前發生了禮節爭執。慈禧要以第一「夫人」的姿態執掌大禮，排序在前。慈安則維護自己的地位，堅決不幹。最後禮部援引清朝祖制，慈禧不得不退讓。光緒六年，在東陵祭祖時，再次爆發禮儀爭吵。

禮儀之爭，實際是地位的爭奪、權力的爭奪。東太后慈安要極力維護自己優於慈禧的正宮的地位，藉以把持清王朝的統治大權。西太后慈禧則要利用各種機會，打破慈安的這種優越地位，獨攬朝柄。為同治選擇皇后的時候，由於慈安的堅持，慈禧的意圖未能實現。她所不喜歡的崇綺之女阿魯特氏被冊封為后，而慈禧選中的鳳秀的女兒，只封了個貴妃。

慈安在年幼的光緒眼裡，也要親和得多。由兩個外國人寫的《慈禧外記》一書，對此也做了記載：

「光緒帝漸次長成，頗與慈安太后相親，當時宮中人人同此傳說。蓋慈安性情和悅，不似慈禧之嚴厲，故得幼帝之親愛。帝年尚幼，任其天真而動，常往東宮，殊不能忍。且有人進讒言，東宮陰令帝反對慈禧。以此之故，兩宮意見愈深矣。」

光緒進宮以後，雖然慈禧經常日以為伴，甚至親手予以照料，但是日久天長，東太后的影響也浸及這裡。小皇帝與慈安的感情越來越親密，甚至超過了他自己的姨母。

因此，從人品和性格上講，慈安待人比較謙和，不似慈禧那麼陰險毒辣。在權力欲及施展詭計方面，慈安也遠不如慈禧。兩太后共同垂簾時期，每遇朝中重大事情，西太后總是大發議論，自做決定。而東太后多隱忍沉默，很少發言，不公開與慈禧發生爭執。

文宗在彌留之際，將他的兩枚印章，一枚給了皇子載淳，即「同道堂」，另一枚「御賞」則給了皇后鈕鈷祿氏，並囑咐肅順等八顧命大臣要尊重皇后。向來知妻莫如夫，文宗深悉皇后為人忠厚老成，與那拉氏慈禧不同，所以，他除了對皇后的眷戀之外，也懷著深深的憂慮。因為他對那拉氏也是了解的。他曾寵幸過這個女人，特別在她生了皇子之後，加之自己身體每況愈下，常懶於政事，有時便命其代為「批覽各省章奏」。這樣，一面給了那拉氏熟悉政務及參與議論國事、從而增長才幹的機會，但另一方面也助長了她專權的野心。

文宗皇帝逐漸認識了這個懿貴妃，她與皇后不同，她不以「三從四德」為重，也不想恪守婦職，她有著極大的權力欲，是個「熱心政權，亦獨秉特性」的女人。文宗察覺到了以後，心中開始為自己百年以後大清的未來從長計議。據《清宮遺聞、文宗秘諭》載：文宗在熱河，臨危之際，密授硃諭一紙與慈安後，謂某如恃子為帝，驕縱不法，卿即可按祖宗家法治之。及文宗崩，慈安以之示慈禧，殆警之也。而慈禧慄慄危懼，先意承志，以事慈安，幾於無微不至，如是者數年。慈安以其心無他矣。日者，慈安嬰小疾，數日，太醫進方不甚效，遂不服藥，竟癒。忽見慈禧左臂纏帛，詫之。慈禧曰：「前日參汁中曾割臂肉一片同煎，聊盡心耳。」慈安大為感動，泣而言曰：「吾不料汝竟如此好人，先皇帝何為尚疑汝哉。」遂取秘諭面慈禧焚之。嗣是日漸放肆，語多不遜，事事專權，不與慈安協商，慈安始大悔，然已無及矣。

故此說即可信其有，不可信其無。文宗對其身後事的安排，確實用心良苦，比如他既安排肅順、載垣、景壽、穆蔭、匡源等八位「顧命大臣」，「贊襄一切機務」，又賞兩印代替硃筆，凡輔政大臣所擬上諭，必首尾鈐蓋二章方能生效，顯係對輔政大臣的一種牽制。所以，可以推知也必予皇后一定權力，以便駕馭那拉氏。

慈禧清楚地知道，在滿洲親貴中，慈安的威望非常高，朝中盛傳這樣的說法，「東宮優於德」，「西宮優於才」，甚至就連自己的親生兒子同治，也親於東宮，而疏於西宮。由慈安做出的一些重大決策，如提攜曾國藩為兩江總督、協辦大學士；授太常寺卿吳棠階為軍機大臣；以失陷封疆罪斬兩江總督何桂清；將驕悍貪淫的勝保賜死等等，頗得朝內外大臣的讚賞和好評。如果說這些成績讓慈禧嫉妒的話，那麼誅殺安德海這件事則深深觸動了慈禧怨恨的神經。

安德海是深受慈禧寵愛的太監，當年為清除肅順等八大臣立下了汗馬功勞，成為慈禧身邊第一號紅人，從此安德海變得不可一世，氣焰日益囂張，他的跋扈引起了慈安的不滿。同治八年，安德海奉慈禧的私令，到江南一帶置辦龍衣，一路上招搖滋事，敲詐勒索。到了山東境內，被巡撫丁寶楨以假冒聖意的罪名拘捕，並上奏朝廷。根據清朝法律，為了防止宦官專權，規定太監不得出京城城門，更沒有出外辦事的權力。慈禧知道後，大驚失色，不知如何才能既保住安德海，又不會損害自己。這時，東宮太后慈安命軍機大臣共同商議如何處置，眾人都贊成依照法律處決，慈安於是下令將慈禧最得力的心腹誅了。

慈安的存在對慈禧的權力限制是顯而易見的，所以她有可能在合適的機會除掉自己這個強勁的對手。當慈安患病，面對外朝廷臣又實行保密的情況下，後宮一切事宜，以及東太后病情的醫治及處理，就都掌握在慈禧一人手中，她可以為所欲為。在慈安患病之前，慈禧公開宣傳自己身體不適，甚至朝政也由慈安一人垂聽。給外界造成她只在宮中專心養病，外面的任何事情都不予過問的假象。這是欲蓋彌彰的手法。由於慈安死得突然，又在盛年，況慈禧一生奸詐，居心叵測，再加上上面這些疑點，難怪當時以及後世的人們都普遍認為，這件事是慈禧所為。

不過，從兩宮皇太后生前處事的種種跡象看，由於慈安為人比較老實，而且識字不多，胸無韜略，「和易少思慮」，「見大臣訥訥如無語者」。所以，每有臣下奏報，多由慈禧講給她聽，至於批閱奏章，裁決政務，多為那拉氏一人做主，慈安不過點頭稱是而已。所謂兩宮皇太后「垂簾聽政」，實則慈禧一人獨攬朝綱，如此看來，慈禧倒不一定必害死慈安方稱心，但也不能排除其加害慈安的可能。

大清興衰的轉折

嘉慶暴死之謎

嘉慶帝（一七六〇～一八二〇）名顒琰，乾隆帝第十五子，乾隆六十年（一七九五）冊立為皇太子。父歸政，尊為太上皇。嘉慶四年父卒後親政，首將貪官和珅賜死，繼而平息了白蓮教義軍起事。其勤政戒惰，務實遵禮，一切以體察民情民意為本。以天朝富有四海自居。二十五年，卒於避暑山莊，傳位旻寧。尊諡睿皇帝，葬昌陵。

嘉慶二十五年盛夏，嘉慶帝率領大批隨員、名優藝伎，馬隊輦輿，浩浩蕩蕩向木蘭進發，不久抵達熱河，安頓於避暑山莊，開始了木蘭秋狩。嘉慶皇帝怎麼也想不到，這是他最後一次進駐避暑山莊。七月二十五日，年屆六十的他在毫無任何預兆的情況下，猝然離開了人世。嘉慶皇帝死後，熱河行宮立即封鎖消息，避暑山莊大門緊閉，限制人員出入。二十七日留京王公大臣才得悉噩耗，延至八月初二日，道光皇帝向內閣發佈上諭，才告知朝廷上下。當時朝鮮國官員在盛京中江地方見清官員皆著素服，頭帽拔去花翎，驚問其故，才曉知皇帝已逝。好好的皇帝為何會突然死亡呢？宮闈之事向來保密，清廷當然不會對民間公開解釋死因，於是民間就產生了各種推測和傳聞。

一個說法是遭雷劈而死的。嘉慶帝到達避暑山莊後，稍事歇息，即全副武裝，率領滿漢大臣和八旗禁旅，大隊人馬直奔木蘭圍場。他們追蹤圍獵多日，虎熊全無，只獵獲一些野兔，連平常遍地覓食的麋鹿也甚少見。嘉慶帝非常掃興，決定提前結束秋狩。回來路上恰遇變天，雷電交加，大地震撼，忽然平地一聲雷，那麼多人中，惟獨皇帝被擊中落馬。凱旋回營變成護喪返京，滿朝驚恐呆然。類似的說法還有嘉慶皇帝在山莊遇疾，臥床調養，並無甚大礙，精神尚佳，照常處理政事。一日，熱河上空驟變，雷鳴電閃，頓時寢宮即遭雷擊，只有他觸電身亡等等。

關於雷劈一說，還有更荒誕不經的一個版本：相傳，他長期孌寵一小太監，經常尋歡作樂，引起近侍大臣們的非議，駐山莊以後，更加變本加厲。帝之寢宮設於「煙波致爽殿」，殿後有一座小樓，名「雲山勝地」，據說此樓正是皇帝與小太監幽會場所，某日，他們正在此尋歡，忽然道道閃電劈開雲層而下，一個火球飛進小樓，在嘉慶身上炸開，頓時斃命。

嘉慶被雷擊燒焦，面目全非，已經無法收殮入棺。若將事實曝光，無異於宮廷之最大醜聞。大臣們商定個辦法，將一相貌體型與嘉慶相似之太監秘密絞死，再進行盛裝打扮，真皇帝骸骨放在棺材底部，上面平躺著假皇帝屍體，以此掩人耳目，運回北京，祭葬了事。這個說法雖然流傳很廣，但沒有絲毫史實根據。

根據當時的實際情況推測，嘉慶皇帝的死因大概是長期的操勞而導致的心臟衰竭。從登基以來，皇帝這個差使把他弄得焦頭爛額，不管他為之付出多少心血，還是有源源不斷的麻煩事找上門來，讓他心煩意亂，沒有一天輕鬆的日子過。

在親政之初，嘉慶揭發出歷史上最大的一個貪污案。與和珅的鬥爭，雖然鍛煉了嘉慶帝，但付出了代價。從此，吏治腐敗尾大不掉，成為嘉慶朝最大的隱患。

嘉慶八年二月二十日，嘉慶帝帶著隨從、侍衛等自圓明園上馬，入神武門乘御轎。突然，一條大漢從神武門西廂房南牆衝出，直奔嘉慶帝所乘御轎，事情倉促，侍衛及近駕的人們都沒注意到有人奔來，一時間，那人已跑到面前，皇帝的隨從及侍衛這才看清，那大漢手裏拿著一把短刀，面露殺氣。在嘉慶帝轎旁的定親王綿恩首先感到事情不妙，迎面上前阻攔。那人來勢兇猛，舉刀便刺，綿恩衣袖被刺破，未能攔住那人。這時，固倫額駙親王拉旺多爾濟、御前侍衛丹巴多爾濟等五人一齊阻住來者去路，展開搏鬥。搏鬥中，丹巴多爾濟被頗有武功的刺客扎傷。由於侍衛們都是大內高手，訓練有素，以五對一，對方已漸支撐不住，幾個回合之後即被生擒。兇手自供行兇的理由是生活貧困，無處謀生，所以欲尋短見，但是又想了斷之前必須做點驚天動地的大事，所以才來行刺皇上。

雖然一場虛驚，行刺者被制服，但有清歷史以來，這種怪事先輩在位時從未曾發生過。與此情況比較相似的，只有晚明三大案之一「梃擊案」，但它反映了明代政治腐敗，宮廷爭寵奪權的勾心鬥角醜聞。嘉慶皇帝不相信刺客的行兇理由，遂命令大臣繼續偵察，但是沒有結果。嘉慶帝怎能接受這樣事實呢？自尊心受到嚴重打擊，他感到莫大羞辱。

民間關於嘉慶遇刺有兩個說法。一說是和珅黨羽所為。和珅為乾隆時炙手可熱的權臣，嘉慶初年，乾隆帝退為太上皇，嘉慶帝登基，但和珅把持朝政大權，遍置黨羽，不把嘉慶帝放在眼裏，屢次與嘉慶帝發生矛盾。乾隆帝死後，嘉慶帝立即將和珅處死，查抄其家產。但和珅黨羽遍佈朝野上下、宮廷內外。嘉慶帝處死和珅，給自己樹立了大批敵人。

不管兇手是誰，上述傳聞都反映出嘉慶面臨的政局是不太穩定的。在行刺事件中，嘉慶雖然沒有受半點皮肉之傷，但心理打擊相當大，這給他本來就很焦灼的內心增加了很大負擔。

嘉慶十八年，農民起義軍公然衝進他的統治心臟紫禁城，在城樓上插反旗，直逼皇后住所，意欲搗毀金鑾殿。皇宮乃皇權象徵，丟掉皇宮意味統治基石的崩潰。這是對他統治能力的極端藐視和否定。雖然起義被鎮壓了，但他再次感到了自己的無能。

嘉慶皇帝整治腐敗可謂不遺餘力，可總難以改觀。貪官污吏盤根錯節，損公肥私，專權敗政，至相當嚴重程度，甚至出現了貪官殺清官的荒唐事！更為奇怪的是，堂堂兵部行印（**即中央軍事國防最高行政機構關防**）竟然不翼而飛，是丟失，還是被盜？是無意疏忽失落，還是另有陰謀策劃？嘉慶苦苦追查，可一直無法弄清。嘉慶從這件事上可以看出自己的王朝吏治敗壞至何種地步，但是他也不知道自己怎麼做才能扭轉日益腐敗的吏風。

讓嘉慶更加傷腦筋的是社會動盪，不穩定跡象益加明顯。直隸、山東、河南、四川、江南、安徽、湖北、山西、黑龍江等地，均有民間宗教活動，且教門名目數十，徒眾多為農民。浙江寧波府有生員，組織破靴黨，包攬訴訟，挾制官長，「甚至有動眾劫掠、棍械傷人情事」。由於天災人禍，百姓無以為生，規模不大的造反經常爆發，如嘉慶二十三年山西省交城、平陽、霍州一帶，流民聚集，大山連接，占山為王。和順、榆次、平定、遼州等處，成為造反農民盤踞要點。他們或下山掠奪，或進入城鎮劫富濟貧。內蒙古、京畿和直隸地方，民被逼為盜，數十成群。

嘉慶不明白，為什麼父親（乾隆）在世的時候，天下太平，輪到自己坐江山，怎麼會如此棘手？為了那些長期阻撓國家振興的老大難問題，他嘔心瀝血，費盡心機，苦鬥廿五年，可是依舊如斯，怎不叫他覺得失望、煩悶和傷感呢？面對日益衰敗的國家，他感到無能為力，但是又無法從數不勝數的公務中抽身自拔，在巨大的壓力之下，他的身體必然走向惡化。

嘉慶帝從病倒至歸天，還不到一天工夫。雖然死前沒有任何徵兆，但是導致猝死的最大禍首卻是長期的勞累、傷神、壓抑、苦惱、憂鬱和煩躁。可以毫不誇張地說，幾十年來，他為治理這個封建大國殫心竭力，付出了全部心血。他曾經有扭轉王朝頹敗的豪情，也敞露出以振興國家為己任的雄心抱負，但他的才能不足以帶領大清帝國走向中興，他根本無力駕馭這個動盪不安的封建後期社會。

握不住的皇權——建文帝生死之謎

建文帝（一三七七～？）朱允炆，明太祖朱元璋之孫。一三九八年即位。建文元年（一三九九）七月，燕王朱棣起兵北平，四年後攻破南京，建文帝不知所終。清朝謚號恭閔惠皇帝。一說其出家為僧，一說被焚於皇宮，未證實。

明成祖即朱元璋第四子燕王朱棣。朱元璋死，手握重兵、雄踞北塞的朱棣以「清君側」為名發起了歷史上有名的「靖難之役」，經過三年多的兵戎相爭，終於推翻了自己侄兒建文帝朱允炆的統治，一躍而成了大明王朝的第三代皇帝。他的統治，對明王朝影響重大，為以後的「仁宣之治」奠定了基礎。這樣一個在歷史上頗有作為的君主，由於奪權上臺，被正統思想濃厚的封建史學家們譏為「赧顏人上」，斥為「燕賊篡位」，視為「叛逆」。那麼，當南京城淪陷的時候，建文帝在哪兒呢？

對於這個撲朔迷離的謎，數百年來，史學界一直是眾說紛紜，莫衷一是。有人認為，當時皇宮中放起了大火，建文帝、皇后帶著七歲的太子投火自盡。朱棣進宮後，到處收捕建文帝，最後在一片灰燼中扒出一具被燒得殘缺不全、面目焦爛的屍體，有人告訴朱棣，這就是建文帝。永樂年間所修之《實錄》，說建文帝「已焚死」，到了清代修編《明史》時，史館中也對建文帝以「焚死」來定論。在《明史・恭閔帝本紀》中云：「都城陷。宮中火起，帝不知所終。燕王遣中使出帝后屍於火中，越八日壬申葬之。」

然而，還有不少人認為建文帝並沒有葬身火海，正當他要拔刀自刎的時候，翰林編修程濟等人及時趕到，幫助他從地道逃亡了。還有一種說法是建文帝剃了頭，扮成僧人由地道出城，逃往滇南，在雲南獅子山正續禪寺為僧。寺內大雄寶殿的柱子上，則有這樣一副楹聯：「僧為帝，帝亦為僧，數十載衣缽相傳，正覺依然皇覺舊；叔負侄，侄不負叔，八千里芒鞋徒步，獅山更比燕山高。」聯內所說的皇覺寺，指朱元璋早年為僧之所；「叔負侄」指朱棣篡奪了侄兒建文帝的帝位。顯然，做此聯的古人堅信建文帝曾在此為僧，並寄以同情。

對於奪嫡登基的明成祖，總是害怕惠帝海外一呼，生怕他哪天歸來跟自己算老賬，給他的江山社稷惹來麻煩。所以他千方百計地派人四處搜尋建文帝的下落。據說讓鄭和七下西洋就是為了尋找傳說逃往海外的惠帝。鄭和首次遠航回國後，曾在當年十月向明成祖做過專題彙報。成祖聽了仍不放心，命其繼續追尋。同時又讓給事中胡淡等在國內各郡邑查找惠帝。儘管此事沒有令人滿意的結果，但足以說明朱棣對此事的重視，派遣鄭和執行這一專項任務是很有可能的。

據史籍記載，朱棣將南京宮中無辜宮女也加以誅殺。建文帝時的大臣茅大芳，只因先前寫過一首詩：「幽燕消息近如何？聞道將軍志不磨，縱有火龍翻地軸，莫教鐵馬渡天河。」便被滿門處斬。方孝孺、齊泰、黃子澄等一大批有愚忠思想的朝臣，少者被誅一族，多者十族，殺人如麻，「里落為墟」；流放者更「不可勝計」。「齊泰姊及外甥媳婦，又黃子澄妹四個婦人，每一日一夜，二十餘條漢子看守著（輪姦）……奏請聖旨，奉欽依：由他！」有的受害婦女死了，朱棣降旨：「抬出門去，著狗吃了！欽此！」其殘忍狠毒與株連之廣，亙古未有！

明成祖這樣幹，顯然是因為建文帝逃亡，怕這些人忠於舊君，裏應外合，所以斬草除根，「寧可錯殺一千，絕不漏掉一個」，連八十三歲的老人及嬰兒也不放過。到了萬曆十三年（一五八五年），快二百年過去了，朱棣的後世子孫朱翊鈞才將方孝孺一案被流放者的後裔一千三百多人釋放。

對明成祖來說，生死未卜的建文帝是一塊永遠的心病，因為他不知道建文帝會不會捲土重來……

鳥盡弓藏的「江湖」

張良死因之謎

張良（?～前一八六），字子房，傳為城父（今河南）人。其出生於官宦之家，其祖父、父均為韓國宰相。秦滅韓後，曾暗殺秦始皇未遂，後歸劉邦，為劉邦取得天下出謀劃策，作用重大。漢朝建立後被封為留侯。張良飽讀詩書，目光高遠，提出的不立六國後代、聯英布、用韓信等策略，都被劉邦一一採納。劉邦曾云：「運籌帷幄，我不如張良。」

張良，是西漢高祖劉邦著名的謀士，與蕭何、韓信、陳平一起被譽為「漢初四傑」。他早年跟隨劉邦打天下，諳熟兵法，善於謀劃，為漢家王朝立下了赫赫功勳。劉邦稱帝以後，稱讚張良能夠「運籌帷幄之中，決勝千里之外」，封他為留侯。張良能夠輔佐帝王成一代名臣，備受後人稱讚。

而更令後人傾羨的，還是張良後來的命運。劉邦登上帝位後，開始猜忌功臣，韓信、英布和彭越等人先後得罪被殺，一時間朝中公卿人人自危，張良卻始終未遭厄運，得以善始善終。後代人為之慶幸之餘，尤其關心張良的保身之途。關於張良的歸宿，大概有這麼幾種說法。

一種說法，認為張良當時見功臣被戮，十分寒心，主動辭官，不顧劉邦挽留，到白雲山學道去了。這種說法多被戲曲、小說引用。比如京劇《張良辭朝》就是據此而來。正史中也有這種記載。《史記・留侯世家》中說，劉邦不喜歡太子劉盈，想另立戚夫人之子如意為太子。大臣們苦苦勸諫，仍然不能改變劉邦的主意。張良屢諫不從，便藉口有病向劉邦辭職，他在給劉邦的上表中自述身世：「家世相韓，及韓滅，不愛萬金之資，為韓報仇強秦，天下震動。」後來追隨劉邦，得以滅強秦，封萬戶，位列侯，現在平生願已了，「願棄人間事，欲從赤松子遊耳」。於是就飄然而去，不知所終了。後世的小說家們往往附會赤松子，說他是神農時的雨師，能呼風喚雨，常為西王母的座上賓，因此張良此去，一定是潛心學道了。

另一種說法認為張良並未離開朝廷，而是居官善終。劉邦要廢太子劉盈，急壞了太子的生母呂后。呂后問計於張良，張良建議請出劉邦素來仰慕的嵩山四老，勸諫劉邦，或許能夠幫助太子鞏固地位。於是呂氏家族就派人拿著太子的親筆信，卑辭厚禮，請來四老下山。劉邦見到這四位鬚髮皆白，相貌魁偉的老人，十分驚訝。問他們：「前次我求你們相助，你們一直避而不見，今天為什麼與我兒子交往呢？」四人回答說：「陛下輕慢別人，臣等恐怕受辱，因而亡匿，太子仁孝，敬賢愛上，天下人都願為太子效勞，我們如今獻出生命也在所不惜，所以就下山了。」劉邦覺得太子已經深孚人心，恐怕難以動搖，這才放棄了更立太子的主張。

這件事在《漢書・張陳王周傳》和《史記・留侯世家》中都有記載。因為這件事，呂后十分感激張良。劉邦死後，呂后為了報答張良，勸張良結束學道生活，出來做官。並且對他說：「人生一世，如白駒過隙一樣短暫，先生何必如此自苦呢。」張良當時年高體弱，不久以後就病死了。朝廷給他的謚號是「文成侯」，此中就含有以文才安民立政，善始善終之意。

這兩種說法，一從文學，一從歷史。應該說，後者的記載是比較可信的，張良應該是居官而終。但是歷代以來，人們更願意給張良一個入山修道、得道成仙的神秘歸宿，這裏面既表達了人們對於君主濫殺功臣的不滿，也寄託了歷代文人們對於張良功成身退、名垂青史的欽佩。

恃功自傲的下場

年羹堯被誅之謎

年羹堯（?～一七二五），字亮工，漢軍鑲黃旗，康熙三十九年（一七〇〇）進士，五十九年，授定西將軍，後又以平西藏、守隘之功封三等公，授撫遠大將軍。其作戰勇猛，韜略深厚，頗受朝廷倚重。後恃功勳不凡，驕縱恣睢，出則前從侍衛導引，執鞭墜鐙，督撫見之也要跪道迎送。雍正三年（一七二五），被列九十二個罪行，逮捕入獄，並令其自裁。

年羹堯出身進士，官至四川總督、川陝總督、撫遠大將軍。曾平定西藏、青海回民叛亂。雍正二年平定青海後，十月入京覲見受封。時功蓋天下，位極人臣，受封為一等公，父亦封一等公加太傅銜，二子分封子爵、男爵，其家僕皆封四品頂戴副將，一時炙手可熱，權勢顯赫。然不到一年後便被雍正皇帝盡削所有官爵，列九十二大罪，終賜自殺。年羹堯之死異乎尋常，他為何被殺，至今眾說紛紜。

有人認為，年羹堯參與了雍正帝奪位的活動，雍正帝即位後反遭猜忌以致被殺滅口。據說康熙帝原已指定皇十四子允禵即位，雍正帝矯詔奪位，川督年羹堯參與其間。他受雍正帝指使，擁兵威懾在四川的皇十四子允禵，使其無法興兵爭位。雍正帝甫登帝位，對年羹堯大加恩賞，實乃欲擒故縱，待時機成熟，即網織罪名，卸磨殺驢，處死年羹堯這個知其篡位實情之人。有人不同意此說，主要理由是雍正帝即位時，年羹堯遠在西北，並未參與矯詔奪位，亦未必知曉其中內情。

有的研究者認為，年羹堯被殺是由於他恃功驕傲、專權跋扈、亂劾賢吏和苛待部下，引起朝野上下公憤。據《清史稿》載：「羹堯才氣凌厲，恃上眷遇，師出屢有功，驕傲，……入覲，令總督李維鈞、巡撫范時捷跪道送迎。一公卿跪接於廣寧門外，年策馬過，毫不動容；王公有下馬問候者，年頷之而已。世宗前，亦箕坐無人臣禮。」《清代軼聞》作者亦認為：「年挾擁戴功，驕益甚。且年殘暴對待部下，任人唯親，亂劾賢吏，引起公憤，也為雍正帝所不容，故被殺。」更嚴重的是，他恃功自傲，明目張膽地讓親信胡期恆為甘肅巡撫、岳周為西安布政使、劉廷琛為廣西布政使，濫參四川巡撫，導致雍正的猜疑。他還把皇帝派到年羹堯手下監視年的情報員收買了，讓皇帝大為惱火。難怪雍正後來曾有硃批「大凡才不可恃，年羹堯乃一榜樣」。

更讓雍正受不了的是，他在皇帝面前「無人臣禮」，藐視並進而威脅皇權，甚至有自立為帝之心。年羹堯妄想做皇帝，最難令人君忍受，所以難逃一死。而《清代軼聞》一書則記載了年羹堯失寵被奪兵權後，「當時其幕客有勸其叛者，年默然久之，夜觀天象，浩然長嘆曰：不諧矣。始改就臣節」。進而認為這說明年羹堯確有稱帝之心，只因事情進展不順利，無奈才為人臣。

年羹堯的作風的確有些過分，不能不引起雍正的側目。在西安總督府時，令文武官員逢五、逢十在轅門做班，轅門、鼓廳畫上四爪龍，吹鼓手著蟒袍，與宮廷相似。他還令雍正帝派來的侍衛前引後隨，牽馬墜鐙。按清代制度，凡上諭到達地方，地方大員須迎詔，行三跪九叩全禮，跪請聖安，但雍正帝恩詔兩次到西寧，年羹堯竟「不行宣讀曉諭」。他在與督撫、將軍往來的諮文中，擅用令諭，語氣模仿皇帝。更有甚者，他曾向雍正帝進呈其出資刻印的《陸宣公奏議》，雍正帝欲為此親撰序言，但年羹堯以不敢「上煩聖心」為藉口，代雍正帝擬就序言，要雍正帝頒佈天下，如此僭越無度，雍正帝能不寒心！乾隆時人蕭交在《永憲錄》中提及，年羹堯與靜一道人、占象人鄒魯密議稱帝之事，一旦為雍正帝察覺，其被殺就不足為怪了。

那麼雍正帝是以什麼為契機置年羹堯於死地的呢？有人說是「虎入年家」一事。雍正三年（一七二五）十二月初，有一野虎入京城至年羹堯宅，官兵趕來將虎殺死，相傳年羹堯出生時有白虎之兆，故他是白虎托生，現虎死年家，顯然是天令年死，雍正帝便下了處死年羹堯的諭旨。另有人認為，年羹堯一案起於文字之禍。雍正三年二月，日月合璧，五星連珠，年羹堯表賀，本想用「朝乾夕惕」一詞讚美雍正帝勤於政務，但竟將此語誤寫，終成雍正帝加罪年羹堯的藉口之一。至於究竟如何誤寫，又有二說，其一是將「朝乾夕惕」寫成「夕惕朝乾」，若真是這樣誤寫，語義與本來無異，文法亦無差錯；其二是寫成「夕陽朝乾」，這就說不通了。雍正帝借此大加發揮：年羹堯非粗心者，將朝乾夕惕寫作夕陽朝乾，是「直不欲以『朝乾夕惕』四字歸之於朕耳……謬誤之處，斷非無心」（《清世宗實錄》卷三十）。於是待時機一到，即下手除掉年羹堯，他令朝廷及地方官員檢舉其罪狀，最後刑部等衙門定他有九十二條大罪，應凌遲處死，雍正帝故作寬宏，特意准許他自行了斷。

到了近現代，各說眾多，或認為年被殺乃「功高震主」導致的必然現象，或說是主奴間有舊怨在先，羹堯又恃功驕傲在後，使君主生疑，不殺就會威脅到自身的安全。年羹堯到底哪一點犯了大忌，招來殺身之禍，至今還是一個懸案。

從專一到亂倫

後梁太祖朱溫被殺之謎

後梁太祖（八五二～九一二）朱溫，五代時梁王朝的建立者。早年曾參加黃巢起義，後叛變降唐，官至宣武節度使，封梁王。其勢力漸大後，於天祐四年（九〇七）代唐稱帝，國號梁，史稱後梁。其後期淫亂暴政，於乾化二年（九一二）被其子友珪所殺。

後梁的開國皇帝太祖朱溫，是被史家斥為「貪食、漁色、嗜殺、蔑倫」的暴君。但是，令人不解的是，他卻有著一段純真的戀情，有過一位賢德之妃張惠，而且在相當長的時間裏，他的暴戾竟被張惠的柔德所制，不敢妄為。這是怎麼回事呢？

唐朝末年，國勢衰敗，地方割據，天下大亂，文人學士遭到排斥，地痞流氓卻飛揚跋扈。朱溫早年喪父，隨母到地主家幫傭。他從小就懶惰無行，常因偷東西遭人打罵，在屈辱困苦中長大成人。一次，他在打獵途中，偶遇氣派非凡、美麗絕倫的宋州刺史張蕤的女兒張惠，傾慕不已，暗暗立下誓言，將來一定當大官，娶張惠。

不久，他為了實踐自己的誓言，投奔了黃巢起義軍，南征北戰，利用自己的狡詐兇悍和善揣人意，從一名小卒升為大將。廣明元年，黃巢在長安稱帝，建立了大齊政權。兩年之後，朱溫因屢立戰功，被任命為同州刺史，率領大軍，浩浩蕩蕩進駐同州城。突然，在被俘的人群中。一位蓬頭垢面、衣衫不整的少女使他眼前一亮，這正是他朝思暮想，為之心馳神往的張惠！朱溫將這次巧遇視為天意，立即將張惠帶入府中，陳述了自己的傾慕之情。張惠感到自己這樣一個流離失所、淪落為俘的落難女子竟能被眼前這個雄武勇猛的將軍所愛，很受感動，願意嫁給朱溫將軍。朱溫的夢想變成了現實。

後來朱溫降唐，被任命為河中行營招討副使、授以左金吾大將軍官銜，賜名「全忠」。此後，他打敗黃巢，平定了諸多割據勢力，轉戰南北二十年，終於消滅了所有的對手。這期間，是張惠使他成就了大業，使他言聽計從。五大三粗的朱溫在張惠面前，簡直就是一個聽話的小學生。

朱溫兇殘成性，殺人如麻。他曾借設宴慶功之機，派兵將助他擊敗黃巢的李克用圍在驛館，縱火射箭。李克用僥倖逃脫，他手下的三百名親兵卻全被殺死。他在進攻東方四鎮時，殘殺兵卒、驅殺百姓，使徐、泗三郡人死過半。他與朱瑾作戰時，將三千俘虜斬殺盡絕。這樣的事，比比皆是。後來，幸虧張惠不斷勸諫，才使朱溫有所收斂，不至於見一個殺一個，見一群殺一群，使不少軍兵、百姓虎口餘生。

朱溫的長子朱友裕也是張惠在朱溫的虎口中救出的。景福元年，朱友裕率軍攻徐州，大敗朱瑾。但因其性格寬厚，沒有乘勝追殺殘兵敗將，被朱溫削去官職，派人查處。嚇得朱友裕到處躲藏。是張惠捎信讓他負荊請罪，並親自出面為之說情，他才免遭一死。

朱溫在張惠在世時，不敢十分縱欲宣淫。朱溫打敗朱瑾後，命其妻侍寢。張惠聞知說：「倘若汴梁不幸失守，我不也是這樣下場麼？」說完大哭不已。朱溫心中慚愧，遂打消了邪惡的念頭。朱溫在征伐亳州時，曾召一營妓侍寢月餘，後來生有一子，朱溫竟不敢將其帶回。

天祐元年，張惠病危，朱溫立即飛馬趕回汴梁。回想幾十年相濡以沫的恩愛生活，想到眼見皇位到手，他引以自豪的妻子卻享受不到皇后的尊榮，這個心狠手辣的武夫不禁流下辛酸的淚水。張惠知道丈夫最大的弱點是嗜殺好色，所以在臨終時，對朱溫進行最後一次勸諭：「戒殺、遠色。」

張惠死後不久，朱溫即逼唐昭宣帝退位，自己稱帝，建國號「梁」。從此，失去「賢內助」的朱溫肆無忌憚，為所欲為，更加殘暴荒淫，濫殺無度，以致身死異處。

他妄圖以屠殺的手段威脅天下。對唐朝的君臣官兵屠殺，對自己的部將也瘋狂殺害。他以閱馬時馬瘦為名，殺了自己的驍將鄧季筠；他藉口違抗軍令，殺了大將李重允和李讜；他為了滅口，殺死了自己的養子朱友恭和老將氏叔琮；他還捏造罪名殺死了自己的愛將李思安和猛將朱珍……直殺得人人自危，上下離心。

他還肆意淫亂彌補心靈的空虛。他到洛陽巡幸，居魏王張全義家中，竟將張全義的媳婦、女兒個個姦污。他還以「召侍」為名，逐個兒姦污自己的兒媳；而他的兒子、養子們竟厚顏無恥地慫恿自己的妻子陪寢爭寵。乾化二年，朱溫患病準備後事時，入侍的兒媳張氏得知其欲傳位給養子朱友文，遂告之丈夫朱友珪。朱友珪突入寢宮，殺死朱溫，謀奪了皇位。稱霸一時的亂世梟雄朱溫，終因丟棄賢妻張惠的遺言，嗜殺好色，惡有惡報，走上了黃泉之路。

大義滅親的考證
戚繼光殺子之謎

戚繼光（一五二八～一五八七），字元敬，號南塘，山東蓬萊人，明代抗倭明將、軍事家。出身於軍旅世家，曾任參將、總兵官。嘉靖四十年大台州大敗倭寇，四年後劉平廣東倭寇，東南平安。一五六七年鎮守薊州。後因朝中權貴傾軋，波及於他，被罷職。著有《紀效新書》、《經常兵突紀》、《止止堂集》等書。

福州有座「光兒亭」，福建清福縣亦有「思兒亭」、「相思嶺」，據民間傳說，建此亭是為了紀念明代抗倭名將、著名軍事家戚繼光大義滅親，下令處死違犯軍令的兒子。文獻記載有戚繼光的「斬子」故事，還曾被編成曲藝、戲劇演出，故事流傳至今。然而，這個說法是否符合事實，有各種說法。

戚繼光他執法嚴明，不徇私情，歷來為人傳頌。但戚繼光斬其違犯軍令的兒子戚印，是不是真的呢？

沈德符（西元一五七八～一六四二年）比他的時代稍晚，在《萬曆野獲篇》卷二十八《戮子》條記載：「本朝大將戚繼光斬其子，則以敗績，此軍法所不貸，不得已也。」清代《四庫全書總目提要》所錄戚繼光《紀效新書》條說：「第四篇中一條云：『若犯軍令，便是我的親子侄，也要依法施行。』厥後竟以臨陣回顧，斬其長子。可謂不愧所言矣。」還有許多戚繼光斬子的遺跡和祠廟在閩浙一帶建立。戚繼光斬子的事也被記入了一些地方志。如福建《仙遊縣志》記載：「戚公至蒲田，將出師，煙霧四塞，其子（戚）印為前鋒，勒馬回，且求駐師。公怒其犯令，殺之。」類似記載也見於《蒲田縣志》。

但是，郭沫若根據資料和多方考證，認為戚繼光斬子的傳說乃是「後人所造的」（《青銅時代・述吳記》）。武慰萱在《談戚繼光斬子的傳說》中，也曾懷疑這一故事的真實性。

首先，雖在一些文獻中記載戚繼光斬子之事，但看不到在有關戚繼光事蹟的正式著作中有記述這件事情。明代汪道昆的《孟諸戚公墓誌銘》、董承詔的《戚大將軍孟諸公小傳》和《明史》、《罪惟錄》、《明書》、《閩書》等的《戚繼光傳》均未包括此事。戚繼光的長子戚祚國等編纂的《戚少保年譜耆編》，幾乎記錄了戚繼光所有事蹟，但也未絲毫提及此事。

其次，關於戚繼光斬子的傳說故事情節也不完全相同。可以見到的有四種說法，除了上文提到的《仙遊縣志》和《四庫全書總目提要》所說的兩種說法以外，還有兩種說法。其一是說：戚印在奉命出征的途中，聽說敵人數量遠多於自己，決定暫回，回營即被以違抗軍令斬首。其二則是說，小戚將軍奉命詐敵誘敵，退到仙遊縣才可以反攻。但小戚將軍急於殺敵，未等退到仙遊，就開始反攻，雖然凱旋而歸，但因違令被斬。後來，《四庫全書總目提要》演義戚印因回顧被斬之事改為：戚繼光曾下令，戰鬥中不許回頭。但在一次戰鬥中，戚繼光因馬中流矢而落馬，小戚將軍在陣前不僅回頭，而且回馬查看，使隊伍亂了陣腳，險些打了敗仗，收兵後即被斬。

以上說法，有三種應是發生在西元一五六一年戚繼光在台州（今浙江臨海縣）禦防倭寇時；另一種應是一五六二年發生在援閩戰役中。根據《年譜》，西元一五四五年戚繼光娶王氏為妻。如果次年生子，到西元一五六一年時已十六歲，是有可能隨父出征的。但是，戚繼光是西元一五六七年得長子戚祚國的。一五六六年，戚繼光在閩浙抗倭已基本結束。一五六七年底已經開始北上，在南方抗倭的時候，戚繼光是沒有兒子的。戚繼光共有五個兒子，都不是原配王氏所生，皆為戚繼光四十歲（西元一五六七年）以後出生。

那麼，戚祚國是戚繼光的長子嗎？據他的《墓誌銘》提到，戚繼光原配王氏「鷙而張，先後有子皆不祿」。在浙、閩時，戚繼光只有一個女兒，在隨軍居所中死去。戚繼光還寫了《祭殤女文》以作紀念。戚繼光曾於西元一五六三年到福建興化九里湖向九鯉仙祈禱，「續嗣之優」即是他所祈請的四件事之一（《止止堂集・橫槊稿下》）。還有一次，有人在他巡邊時安慰他說：「無處不弄璋（得子）也。」（見《止止堂集・愚愚稿下》），這些都表明了，戚繼光在浙、閩時沒有兒子。

另外，《年譜》還記載戚繼光在西元一五六三年，被明朝廷升任為署都督同知，可蔭一子任正千戶。戚繼光卻把這一蔭職，給了弟弟戚繼美去襲職。《墓誌銘》也說這一蔭職給了其侄戚壽國。這都表明戚繼光那時沒有兒子，所以才把蔭職給了弟弟或侄兒。

那麼，關於戚繼光的兒子因違犯軍令被斬殺這一記載和種種傳說，真是後人虛構的嗎？這也成為一個歷史的難題。

正史與野史的迥異

雍正暴死之謎

雍正（一六七八～一七三五）名胤禛，康熙帝第四子。其身態偉岸，舉止端凝，頗為父皇喜愛。康熙三十七年封貝勒，四十八年封雍王。在與兄弟搶爭皇位過程中，因其城府深重，手段詭譎，終占上風，即位成大統。其登極後，嚴峻吏治，誅殺汙吏，舉國一片肅殺。其勤於政務，不嗜女色，平定叛亂，劃定中俄中段界線。雍正十三年（一七三五）暴卒於圓明園，傳位於四子弘曆。尊謚憲皇帝，葬泰陵。

一七三五年，雍正皇帝突然暴死於京郊離宮圓明園內。人們對於雍正皇帝死因，有著不同的說法。

第一種說法是因病而故。根據《上諭內閣》和《硃批諭旨》等官書記載，一七二九年（雍正七年）冬起，雍正帝生了一場大病，到一七三一年（雍正九年）秋，病情還是寒熱不定，飲食無常，睡眠不安。到底是什麼病？太醫也說不清楚。雍正曾向田文鏡、李衛、鄂爾泰等心腹督撫密發諭旨，要他們推薦良醫。此後，病情雖有好轉，但身體仍然常常欠安。一七三五年（雍正十三年）農曆八月二十日起，雍正帝病情加重，仍未停止工作。到二十三日晚上病情加劇，遂召見寶親王弘曆、和親王弘晝、莊親王允祿、禮親王允禮，以及大學士、內大臣等數人，「面諭遺詔大意」，至凌晨駕崩。雍正帝因病而故的說法也順理成章，甚至有人還具體提出，雍正帝是因「中風」而死去的。

關於雍正死亡的那個夜晚，在保和殿大學士、翰林院掌院學士、軍機大臣、吏部尚書張廷玉的《自訂年譜》中是這樣記述的：

雍正十三年八月二十二日夜。漏將二鼓，一陣陰冷的秋風驟起，掠過房檐樹梢，留下散亂細碎的枯葉盤旋之聲和空曠寂寥的窗櫺開合之聲。張廷玉剛剛合上眼睛。突然，大宅正門方向傳來了「咚咚」的砸門聲。嘈雜中，刺耳的尖細嗓音一迭聲地喊：「有旨意！宣張大人即刻進宮！」張廷玉一顆心頓時吊了起來。他慌亂地推衾披衣翻身下炕，腳蹬靴，手扣絆，一邊急急向外邁步，一邊滿腹狐疑設想種種可能出現的變故。

在盞盞燈籠搖曳散碎的暗淡光線下，張廷玉一行向圓明園倉促疾馳。圓明園西南門已有三四名太監翹首而待。一見張廷玉到，兩名太監向內飛奔而報，余人將張廷玉等徑直引向寢宮。寢宮燈火通明，只見太醫、內侍急進急出。階下烏壓壓站了一地的人，個個神情緊張、喊喊耳語。莊親王、果親王、大學士鄂爾泰、公豐盛額、納親、內大臣海望等先後到齊。張廷玉猶如五雷轟頂，驚駭欲絕。他萬萬沒有想到，深夜宣召，竟然是因「上疾大漸」。白天尚勤政如常的雍正帝，竟然已瀕臨彌留的最後關頭！

張廷玉與眾大臣按班次排成兩行，屏息躡足，入寢宮御榻前三叩九拜恭請聖安。燭光昏暗，帳幔重重，御榻上的雍正帝向內而臥，看不清頭臉，沒有任何反應。眾大臣顫抖著起身，強壓緊張焦慮的心情，躬背依前退出，在階下等候消息。

突然，宮門大開，一個似哭非哭的聲音傳了出來，「大行皇帝龍馭殯天了——」眾大臣原以為心理已有準備，凶耗一出，仍有不少人幾乎癱倒在地，所有的人均放聲慟哭。混亂中，張廷玉、鄂爾泰強自鎮定，上前厲聲道：

「現下不是哭的時候！國不可一日無君，大行皇帝因傳位大事，曾書密旨，除示我二人外，無有知者，這密旨就藏在宮中，應急請出，以正大統。」

「說得是！說得是！」亂了方寸的兩位王爺如夢方醒，立傳總管太監，責其為何沒有馬上請出雍正傳位密旨。總管太監慌得雙膝跪倒在地，搗蒜般叩頭：「奴才該死！奴才該死！大行皇帝未曾諭及密旨之事，奴才不知密旨所在！」

張廷玉道：「大行皇帝當日密封之件，諒亦無多，外用黃紙固封，背後寫一『封』字的即是此旨。」過了一會兒，總管太監急匆匆捧出黃封一函。諸大臣打開一看，正是雍正帝硃筆親書傳位乾隆的那道密旨。

關於雍正之死的第二種說法，是服丹藥中毒而死亡的。從宮中檔案等資料可以看出，雍正帝做有《燒丹》詩歌頌丹藥的功效，自己平時愛吃丹藥，有時還賜給臣下，鄂爾泰就曾受賜而服食，受賜者服用一個月後奏報「大有功效」。同時，雍正帝還推崇紫陽真人，為之重建道院，讚賞真人「發明金丹之要」。在宮中養了不少道士，有煉丹的，有念咒的，也有行按摩術的，他希望道士能給他治病健身。道士張太虛、王定乾等人在圓明園內為雍正帝煉丹，燒掉了成百噸的燃料，出爐了一批又一批的金丹成品。雍正帝服了大量丹藥，終因丹藥中有毒成分在體中發作而致死。八月二十五日，即雍正帝死後第二天，嗣君乾隆帝就下令驅逐張太虛等道士，這可以說是與雍正帝之死有關的旁證。

第三種說法是被人謀殺的。兇手到底是誰，又存在不同的傳聞。其中，大量野史傳聞的是雍正帝被呂留良孫女呂四娘刺殺身亡。呂留良是清初的思想家，曾試圖反清復明。他的學生策動反清失敗後，呂留良雖然已經死去，其親屬也受到牽連，只有孫女呂四娘恰奉母在外，因此倖免罹禍，便隱之名山仙刹，拜師學藝，練就一身絕技，立志為父祖報仇。後來她潛入宮中，終於將雍正帝刺死。另有人認為謀殺雍正帝的不是呂四娘，而是宮女與太監吳守義、霍成因怨恨雍正帝暴虐，伺他熟睡後，用繩子將他勒死的。

雍正皇帝究竟是暴病中風而死的，還是盲目服丹藥中毒身亡的，抑或被人暗殺的？現在還是一樁懸而未決的公案。

被篡改的「手跡」
洪秀全死因之謎

洪秀全（一八一四～一八六四），原名仁坤，又名火秀。生於廣東花縣一個農民之家。道光二十三年創拜上帝會，二十九年，與楊秀清等結為兄弟，籌劃起義。在金田起義後，建號太平天國，自封天王。而後率眾占永安、入桂林、圍長沙、占武漢。咸豐三年占南京，定都，改稱天京，頒《天朝田畝制度》。後與諸王生隙，石達開離他而去，清軍又屢屢圍剿。同治三年（一八六四）病卒於天京。傳位於其子洪天貴福。

一八六四年六月一日，在清軍的瘋狂進攻下，太平天國首都天京（今南京）即將淪陷。就在太平天國大廈將傾之際，天王洪秀全死於城內天王府，年五十一歲。對洪秀全的死因，史學界有兩種說法，一派持自殺說，一派持病死說，而兩種說法的證據都是太平天國將領的自白書。

後期太平天國的主要領導人之一的洪仁玕被清軍捕獲後，也曾寫下《洪仁玕自述》，其後半部分中說：「天王之自殺，更令全局混亂。」太平天國的對手、湘軍首領曾國藩在同年六月二十三日的奏稿中說：「首逆洪秀全實係本年五月間，官軍猛攻時，服毒而死。」同年七月初七日又奏稱：「有偽宮婢者，係道州黃姓女子，即手埋逆屍者也，臣親加訊問，據供，洪秀全生前，經年不見臣僚，四月二十七日因官軍急攻，服毒身死，秘不發喪。而城裏群賊，城外官兵，宣傳已遍，十餘日始行宣布。」根據上述資料，大多史家認為洪秀全係「服毒自殺」。

在曾國藩（一八一一～一八七二）刊刻的《李秀成自述》中，提到了洪秀全之死：「天王（洪秀全）斯時焦急，日日煩躁，即以四月二十七日服毒而亡。」李秀成（一八二三～一八六四）是後期太平天國的主要將領，洪秀全去世時，他在天京主持天京保衛戰，對天王府的情況當有較確切的瞭解，因此他說洪自殺應該是有道理的。

功與罪的分析

張獻忠殺人之謎

張獻忠（一六〇六～一六四六），字秉吾。延安人。崇禎三年（一六三〇）於米脂起事，自號八大王，人稱「黄虎」。其起事後，克鳳陽、焚皇陵、破開縣、陷襄陽，勝戰連連。崇禎十六年克武昌，稱大西王，次年，建大西於成都，即帝位，年號大順。一六四六年，清兵南下，戰歿於西充鳳凰山。

明末起義軍領袖張獻忠的屠蜀問題，是明清之際歷史上的一個公案。從明代中葉到清代初期，四川省的人口大幅下降，數字十分驚人。根據記載，明朝萬曆六年（西元一五七八年），四川省的總戶數是廿六萬餘，總人數是三百一十餘萬人。如果考慮到當時統計中的漏戶以及逃亡人口的數量，這個數字還要增加。等到清康熙二十四年（西元一六八五年）的時候，四川全省的成年男子，總計是一萬八千零九十人左右，按照當時家庭內部的男女比例，如果按照一個成年男子家庭內五口人的規模來估算，整個四川省也就只有九萬餘人。這種人口數量的巨大落差，不是生老病死等自然因素所能為的，歷來人們把它歸因於明清之際張獻忠在四川的濫殺。

文人們的記載充滿了對張獻忠的詛咒，說他是殺星下界，殺人如麻。《明史・張獻忠傳》描述張獻忠「性狡譎，嗜殺，一日不殺人，輒悒悒不樂」，至有「共殺四川男女六萬萬有奇」之統計，甚是駭人聽聞。但仔細一想，這種統計不無誇張。《明史》中也記載有明代人口的總數，萬曆六年的時候，天下的人口數是六〇，六九二，八五六，四川的人口如前所記是三百一十萬人，怎麼會冒出「六萬萬有奇」的四川人讓張獻忠殺掉？這裡面顯然有統治者對於張獻忠的惡意詆毀。對於明末清初四川人口的大幅度銳減，存在有多方面的原因，近代以來學者們各抒己見，也有過爭論。

魯迅先生在《晨涼漫記》中談到了張獻忠的殺人問題，「他開初並不很殺人，他何嘗不想做皇帝。後來知道李自成進了北京，接著是清兵入關，自己只剩下沒落這一條路，於是就開手殺，殺……」，魯迅先生不否認張獻忠的「濫殺」，只是認為張獻忠的濫殺也有一個漸進的過程。對此，有的歷史學家指出，魯迅先生的此文並非要做專門的考證和評價，更多的是對當時政治的影射批評，因此不足為據。歷史學家們自己對於張獻忠有無濫殺的問題，觀點是很不統一的。

一種意見認為，張獻忠的起義軍紀律嚴明，他的大順政權得到了四川人民的擁護和支持，他不會濫殺百姓。張獻忠曾經明令嚴禁「擾害地方」、「妄害良民」。在當時封建文人的記載中，對此也有反映。比如《石匱書後集．盜賊列傳》說：「十三年良玉大破獻忠於太平縣之瑪瑙山，斬首萬級，獻忠精銳俱盡，止驍騎千餘自隨。走興歸山，伏深箐口，重賄山民，市鹽當米酪，山中人安之，反為賊耳目。獻忠得以休復，收散亡，養夷傷，群盜往往歸之，反覆振。」張獻忠的部隊與百姓買賣，不占便宜，得到百姓的支持，足見與群眾關係是不錯的。

此外，還有《荒書》作者費密和《蜀難敘略》的作者沈荀蔚的記載。這兩人出身於新繁、華陽的仕宦之家，即使在張獻忠建立大西政權後，他們也沒有逃離川西，依然過著呼奴使婢的地主生活。成都縣令進士吳繼善還做了大西政權的尚書，在一六四四年，他的眷屬與沈荀蔚一道逃離成都，「由雙流、新津入臨邛城暫住」，可見，對明朝官吏和仕宦之家，張獻忠也沒有亂殺一氣。至於張獻忠對待貧弱無依的百姓的態度，在顧山貞的《客滇述》中，有一段這樣的記載：「賊走梓潼，官兵追及之，殺賊五六百人，擒老弱數百人，殺羅汝才弟。張獻忠復犯官兵，至靈陽廟，奪老弱，走劍閣，自廣元入漢中。」這裡的張獻忠，不忍看到官兵擒殺老弱百姓，親冒風險施以救援，應當也不會有濫殺百姓的舉動。

如果綜合種種記載來看，張獻忠在四川所殺之人，主要有三部分。一部分是頑抗固守的明軍。《罪惟錄》說：「城破，瑞王闈官被難。舊撫臣陳士奇死之。屠重慶——取丁壯萬餘，刵耳鼻，斷一手，驅拘各州縣。」一部分是明宗室和官紳。「陷成都，蜀王闔宮被難。巡撫龍文光暨道府各官，皆死之。檄諸紳於成都，皆見殺。」此外，還有一部分被殺的人是勾結清廷與張獻忠作對的士子。《懷陵流寇始終錄》卷十八說：「朝天關邏者獲成都諸生顏天漢等通闖賊書。怒，詭稱開科，盡殺之青羊宮。」綜合這幾個方面的情況，再從所屠人數和對象來看，張獻忠在川並沒有亂殺。

另一種意見認為，張獻忠在四川的殺人，雖然不是一味的亂殺、濫殺，但是在他統治的後期，出現過「殺人」擴大化的問題，把一些不是罪有應得，甚至完全無辜的百姓也捲進了殺戮之中。比如，順治二年十二月，張獻忠開「特科」選士，前來赴選的進士、舉人、貢士人數眾多，張獻忠認為其中有人「圖謀不軌」，一次屠殺了五千餘人。再如屠城。《蜀亂》謂張獻忠進攻成都，屢次受挫，攻下後「屠城三日，貴賤同盡。惟少艾婦女為營伍所匿者暫得免」；謂攻重慶時「盡屠其城。間有避匿得存者，查出復斷其手」。除去其中過甚之辭不說，張獻忠採取的這種「除城盡剿」的政策，既不能真正劃分順逆的界限，又帶來了一味鎮壓、玉石俱焚的惡果。另外，張獻忠還殺過醫僧匠役。《蜀難敘略》云：「僧道醫卜百工技藝之人，或托齋醮，或考試，或興大工之類，（獻忠）悉誘之殺之。」

此外更為嚴重的是，在張獻忠和李自成之間出現了農民軍內部的殘殺。張獻忠與李自成有衝突，於是屠殺靠攏李自成的四川人。在張獻忠統治的後期，他成為清軍、明軍和地主武裝攻擊的主要目標，外有強敵壓境，內有地主武裝暴亂，張獻忠以為「蜀人負朕，恨入骨髓」，親自確定了軍隊屠殺的三等人：「其一係川人，在川應募者，有係川人而在他省投充入伍者；其二係他省人而在他省投充入伍者，有係他省人而在川中隨營者；其三有係明朝官兵來者，有係陣前俘獲者，又有係伙並響馬內收入者，俱當盡誅。」出於失敗，出於洩憤，盲目的屠殺在所難免。儘管有人認為張獻忠的部隊是由於缺糧食而殺人充飢。但這樣的大屠殺帶來的後果無疑是濫殺盛行。

第三種意見，也肯定了這些大規模殺人的事實。所不同的是，認為評價張獻忠不必糾纏在一個「殺」字上。張獻忠的確採取過盡剿和屠城的政策，這是大西政權反封建性質的必然產物。張獻忠入川以後，地主階級的反動分子就紛紛逃往深山，糾集武裝反抗，而張獻忠的大西政權堅持要反地主，也損害了已經投降的原明官吏和地方仕紳的利益，他們於是與地主武裝合流，掀起越來越大的反抗活動。張獻忠不得不派軍進剿，嚴厲鎮壓，屠殺一發而不可止，刀兵無眼，普通百姓被誤傷誤殺的不少。

綜上所述，「張獻忠有沒有在四川搞大屠殺」這個問題，學術界的意見一直沒有統一。有的認為張獻忠沒有亂殺濫殺；有的認為張獻忠的確濫殺了無辜，不可取；還有的認為張獻忠是堅持農民革命政策，而錯殺了人，不是有意要濫殺。千秋功罪，褒貶毀譽，世人難有定議。

七殺碑的傳說

傳說張獻忠在四川大屠殺，殺人如麻，還特意立下一碑以解釋其作為，上書一對聯，文曰：「天生萬物以養人，人無一德以報天」，橫批：「殺殺殺殺殺殺殺」。不過也有說法認為「七殺碑」不是真的，只是清朝醜化張獻忠的政治宣傳產物。一九三四年，一位英國傳教士在四川廣漢發現了張獻忠的聖諭碑。碑文是：「天有萬物與人，人無一物與天。鬼神明明，自思自量」。證明了對七殺碑的懷疑。

虎門英雄

林則徐死因之謎

林則徐（一七八五～一八五〇），字少穆，福建侯官人，嘉慶進士，清末政治家。曾任東河河道都督、江蘇巡撫、湖廣總督。其目睹國民深受鴉片毒害，極力禁煙並卓有成效。一八三八年受命為欽差大臣，赴廣東查禁鴉片，次年在虎門當眾銷毀鴉片兩百三十七萬斤。後被投降派打壓，被革職。一八五〇年復起用赴廣西鎮壓農民起義，在潮州途中病故。

林則徐一生成就的最高點是虎門銷煙、抵抗外國侵略。史學界稱他為近代中國「開眼看世界的第一人」。道光十七年，林則徐升任湖廣總督。是時鴉片已成為嚴重弊害，林則徐上奏指出，歷年禁煙失敗在於不能嚴禁。九月應召進京，力陳禁煙的重要性和禁煙方略。十一月受命為欽差大臣，前往廣東禁煙。十九年正月抵廣州。他會同兩廣總督鄧廷楨等傳訊洋商，令外國煙販限期交出鴉片，並收繳英國躉船上的全部鴉片。四月二十二日（六月三日）起在虎門海灘銷煙，二十天中銷毀鴉片一九一七九箱、二一一九袋，共計二三七六二五四斤。鴉片戰爭開始後，英軍陷定海，再北侵大沽。道光帝驚恐求和，歸咎林則徐，並將他革職。

革職後的林則徐被充軍伊犁。他在伊犁協助辦理墾務，倡導水利，開闢屯田，又繪製邊疆地圖，建議兵農合一，警惕沙俄威脅。二十五年被重新起用署陝甘總督，次年轉任陝西巡撫。二十七年升雲貴總督。曾先後平息、鎮壓西北西南民族衝突和人民起義，整頓雲南礦政。二十九年因病辭職歸籍，咸豐元年，林則徐突然接到一道聖旨，命他為欽差大臣，讓他率軍鎮壓廣西的農民起義。林則徐在赴任的路途上染疾不幸病逝。林則徐的突然去世，人們無不感到異常震驚和惋惜。作為這樣一個社稷重臣，他的死亡受到了各方的矚目，對於他的死因，更是議論紛紛。

《清史稿・林則徐傳》說他是「行次潮州，病卒」。林則徐的隨員施鴻保以見證人的身分，在其《閩雜記・卷四》中詳細記載道：「公患痔漏久，體已羸，至是力疾起行，十一日抵潮州，復患痢」，潮守劉晉請暫留養疾，不可。次日遂薨於普寧行館。

林則徐的次子林汝舟在《致陳子茂書》中記載了父親去世的過程：林則徐身體本來就有腸胃病，赴任上路後沒有把病放在心上，自十月初九至十二日，他躺在轎裡一直催著趕路，沒有顧上吃藥。不料，其吐瀉現象一日比一日加重，不得已於十二日、十三日兩天連連服藥，病情得到了暫時的控制。按說此時應休息幾天再走，但林則徐唯恐誤了朝廷的大事，不敢在途中耽擱，仍然堅持趕路，到普寧後覺得胸悶氣脹，過去的心肺舊病也一起復發，林則徐服藥後咳喘加劇，又吐又瀉，再服其他藥物，一直未能奏效。幾天之後就病逝了。

然而有人並不同意病逝的解釋，認為林則徐死得很不正常，他也許是被洋商謀害而死的。會不會有人在半路上做了手腳，謀殺了這位禁煙有功的民族英雄呢？有可能。因為在林則徐死後不久，有人窺見廣州怡和樓的包間裡，十三洋行總頭目任紹榮的一名親信，與一個名叫鄭發的廚子嘀嘀咕咕，他們面前的桌子上放著一堆白花花的銀錢。而這個鄭發恰恰就是不久前跟隨林則徐的那個廚子。這個廚子將毒藥放進稀飯裡，林則徐毫無戒心地開始吃飯。剛喝了幾口，他覺得稀飯有些異味，他以為病後嘴裡有些發苦，仍然堅持喝了下去。一個時辰之後，林則徐就開始上吐下瀉，那位名醫看了，見是明顯的中毒症狀，為了不使引起恐慌，他故意沒有點破，只是隨便開了兩副解藥，又勉強維持了一天。到了半夜，林則徐已是氣弱游絲，生命垂危，他對林彝聰斷斷續續地囑咐了一些什麼，又停了一會兒，忽然堅強地坐了起來，挺直身子，手指前方，口中大叫：「星斗南，星斗……」一句話沒有說完，就再也沒有醒來。

人們對臨終高呼的「星斗南」大為不解，不知是什麼意思。原來，廣州有一條街名叫「新豆欄」，用閩南話說，其發音就是「星斗南」，它就是鴉片商們居住的老窩。林則徐任禁煙欽差大臣時，清除過盤踞在這裡的許多中外鴉片商人。林則徐離開廣州以後，「新豆欄」的鴉片商們再次活躍起來。如今林則徐又被起用，鴉片商深恐他再來廣州跟自己作對，就用錢買通了廚子鄭發，將林則徐給暗害了。

不過，對於這個說法，有些學者認為是子虛烏有。林則徐被洋商謀害的可能性微乎其微。因為，首先按照清代成規，欽差奉旨赴任，其食宿一律由沿途各州縣負責安排，外來的廚子難有插手的機會。林則徐為朝廷要員，隨從眾多，戒備森嚴，且其子不離左右，像鄭發這種來路不明的廚子，怎會讓他隨意操持林大人的飲食？又怎能給他留下投毒的機會。所以，這個說法是缺乏根據的。